Das Leben nach 50 ist eine spannende, wenn auch schwierige Zeit. Man fühlt sich nicht alt, doch die körperlichen und seelischen Veränderungen lösen Ängste aus. Doch so wie die griechische Göttin Demeter um ihre in die Unterwelt entführte Tochter trauert, sie jedoch wiederfindet, können Menschen, die ihrer verlorenen Jugend nachtrauern, einen neuen Zugang zu verschütteter Vitalität und Kreativität entdecken. Die Jungianische Analytikerin Jane R. Prétat plädiert für eine angemessene, neue Einstellung zum Älterwerden: Nicht nur der richtige Umgang mit dem Körper – über Yoga oder Körpertherapien – ist jetzt besonders wichtig, sondern auch das bewußte Wahrnehmen innerer Vorgänge. Mit der Aktiven Imagination und durch das Deuten von Träumen und Erinnerungen können Energien freigesetzt und kann eine neue Beziehung zum körperlichen Selbst gefunden werden. Wenn man lernt, sich als Teil eines großen Kreislaufs zu begreifen, dann wird „das Reifwerden für das Alter zu einer aufregenden Entdeckungsfahrt, auf der wir den Weg in die Zukunft unseres Lebens und darüber hinaus finden".

Jane R. Prétat, Jahrgang 1926, ist Jungianische Paar- und Familientherapeutin in eigener Praxis und Mitglied der American Association of Marriage and Familiy Therapists. Sie lebt in Providence, Rhode Island, USA.

Jane R. Prétat

Reifezeit des Lebens

Chancen der späteren Jahre

Aus dem Englischen von
Christa Polkinghorn-Umiker

Deutscher Taschenbuch Verlag

Ungekürzte Ausgabe
August 1998
Deutscher Taschenbuch Verlag GmbH & Co. KG, München
© der kanadischen Ausgabe: 1989 Nancy C. Witt
Titel der kanadischen Originalausgabe:
Coming to Age. The Croning Years and Late-Life Transformation
Inner City Books, Toronto
© der deutschsprachigen Ausgabe:
1996 Walter-Verlag AG, Zürich und Düsseldorf
unter dem Titel: Dem Alter entgegenreifen. Chancen einer Übergangszeit
ISBN 3-530-40010-6
Umschlagkonzept: Balk & Brumshagen
Umschlagfoto: © Lajos Keresztes
Gesamtherstellung: C. H. Beck'sche Buchdruckerei, Nördlingen
Gedruckt auf säurefreiem, chlorfrei gebleichtem Papier
Printed in Germany · ISBN 3-423-35146-2

Für Alma Paulsen-Hoyer, die mir zu einer kritischen Zeit zwischen meinen mittleren Jahren und der Phase des Reifwerdens für das Alter half, die Analytikerin in mir selbst zu finden, und die mir zeigte, daß die harte Arbeit der Individuation wie auch das Vergnügen und die Kreativität das ganze Leben lang dauern.

Inhalt

Einführung 9
1. Änderungen 17
2. Jungs Übergang ins späte Leben 38
3. Übergänge 61
4. Andere Stimmen 81
5. Der alternde Körper 112
6. Aktive Imagination: Der Drachenkörper 128
7. Zu weisen Alten werden 153
8. Demeter: Mythos und *metanoia* 164

Dank 195
Anmerkungen 197
Bibliographie 203

Einführung

Unser Leben ändert sich ständig. Täglich, ja stündlich verwandeln sich die Zellen unseres Körpers. Auch wenn wir uns noch so bemühen, alles beim alten zu lassen, und uns programmieren, den Status quo aufrechtzuerhalten, befindet sich unsere Psyche in fortwährender Umwandlung. Manchmal sind diese Änderungen so subtil und langsam, daß wir sie kaum bemerken. Dann wieder brechen sie auf eine Art und Weise in unser Leben ein, die wir nicht übersehen können. Die kleinen, fast unmerklichen Änderungen nehmen wir als selbstverständlich hin, aber auch sie können uns auf schmerzliche, desorientierende Weise aus dem Gleichgewicht bringen. Einer neuen Integration muß notgedrungen eine Desintegration vorausgehen. Wenn Dinge auf neue Weise zusammenfinden sollen, müssen sie zuerst auseinanderfallen.

Eine wichtige Veränderung beginnt erst seit kurzem unsere Aufmerksamkeit zu erregen. In der Zeit zwischen den mittleren Jahren und dem Alter, wenn wir uns nicht mehr in der Blüte des Lebens befinden, aber auch noch nicht wirklich alt sind, erleben die meisten von uns eine Übergangsphase. Sowohl der Körper wie auch die Seele befinden sich an der Schwelle zum Alter. Zwischen unseren Fünfziger- und Siebzigerjahren werden wir aufgefordert, eine tiefe Wandlung durchzumachen. Das Leben und wir selbst ändern uns radikal – auf der physischen, psychischen, mentalen und spirituellen Ebene. Dies gibt uns, wie es scheint, Hoffnung, und davor fürchten wir uns gleichzeitig.

C. G. Jung gebrauchte das Wort *metanoia*, um die tiefgreifende Einstellungsänderung zu beschreiben, die sich durch eine Phase psychischer Verletzungen und Umwälzungen ergeben kann.[1] Er schrieb darüber aufgrund seiner Krise der mittleren Jahre, während heutzutage *metanoia* ebenso, wenn nicht noch mehr, auf das zuzutreffen scheint, was ich die Jahre des «Reifwerdens für das Alter» nenne, die Jahre, in denen wir uns zu «weisen Alten» entwickeln. Die moderne Gesundheitspflege und Ernährung sowie das heutige Körperbewußtsein ermöglichen es uns nicht nur, länger zu leben, sondern auch, unsere Vitalität länger zu bewahren. Aus diesem Grund sind wir, die wir uns in unseren Fünfziger- oder Sechzigerjahren befinden, vielleicht die erste Generation in der Geschichte, die nach der mittleren Lebensphase während zwanzig bis fünfundzwanzig Jahren weder jung noch alt ist.

Der Zweck meines Buches liegt nicht darin, eine Methode zu entwickeln, wie man mit den Belohnungen und Herausforderungen der späteren Jahre umgeht. Statt dessen beschäftige ich mich mit den Einstellungen, die uns dazu führen können, unser Schicksal auf schöpferische Weise zu bejahen und, in Jungs Worten, ein Ich zu entwickeln, «das die Wahrheit erträgt ...».[2]

In der westlichen Welt wird das Altern im allgemeinen nicht als Grund zum Feiern betrachtet. Während es in gewissen Gesellschaften geehrt wird, betrachten wir es nur allzuoft als verabscheuenswürdig. Alt werden, sagen wir scherzhaft, ist nur wenig besser als die Alternative. Man fragt sich, ob das Altern nicht eines Tages sogar auf der diagnostischen Liste der Charakterstörungen erscheint! Überall, wo wir uns hinwenden, hören wir, daß es gesünder ist, jung zu bleiben. Billionen von Dollars werden jährlich auf der Suche nach jugendlichem Aussehen, jugendlichen Fähigkeiten und jugendlicher Einstellung ausgegeben.

Wenn Menschen, die mit solchen Werten gelebt haben, erstmals entdecken, daß sie weder jung noch alt sind, weder zu den mittleren noch zu den alten Jahrgängen gehören, kann dies zu Depressionen führen. Sie sind überzeugt, ihre Identität verloren zu haben. Die alten Masken der Persona passen ihnen nicht mehr. Das jugendliche Gesicht und die jugendliche Figur, die ehemalige geistige Schärfe, die Vitalität und die körperliche Beweglichkeit scheinen zu schwinden. Der sexuelle Reiz ist, selbst wenn er noch vorhanden ist, nicht mehr derselbe. Alternde Menschen können sich so total anders fühlen, daß sie sich heimlich in eigenartigen inneren Landschaften zu bewegen beginnen und vergeblich ihre Gefühle von Desorientierung zu verstehen suchen.

Für Menschen, die in einer Kultur leben, die Schönheit, Sexualität und den Lebensstil des frühen Erwachsenenalters hoch einschätzt, ist dies eine schwierige Zeit. Wie die griechische Göttin Demeter, deren mädchenhafter Aspekt in die Unterwelt entführt wurde, trauern alternde Menschen ihrer verlorenen Jugend nach. Wie versengt von ihrer Trauer, beginnt die Welt um sie herum auszutrocknen. Vielleicht verhalten wir uns gleich wie früher, doch wenn uns bewußt wird, daß wir älter werden, stehen wir möglicherweise mit der weisen alten Göttin Demeter/Hekate zusammen an einer Kreuzung und trauern. Jede

Straße scheint plötzlich nur noch in Richtung zunehmender Entbehrungen zu führen. Jeder Weg verspricht nur noch Verwirrung und Verlust jugendlicher Träume. Eine Frau klagte: «Ich habe etwas verloren, und es kommt nicht wieder.»

Wird uns bewußt, daß wir das Leben nicht mehr anhand der Jahre, die seit der Geburt verstrichen sind, bemessen, sondern nun sorgfältig die unbekannte Anzahl Jahre, die uns noch bis zum Tode bleiben, abschätzen, kann es leicht geschehen, daß unsere Lebensfreude, unsere Wünsche und Entschlossenheit dahinschwinden. Auch wenn uns noch zahlreiche Jahre bleiben, erscheint uns im Zustand der Verzweiflung das Ende nahe. Wenn wir nicht verstehen oder nicht wissen, daß der Tod, vor dem wir in den frühen Morgenstunden zittern, vielleicht ein Symbol ist oder sogar die erste Stufe zu einem neuen Anfang, vertreibt Verzweiflung den Schlaf. Niemand sagt uns, es könnte unsere alte Lebensart sein, die sterben muß, um einer neuen Platz zu machen. Wenn uns nur das Gefühl bleibt, daß die Kreativität und die Lebensfreude auf mysteriöse Weise verschwunden sind, fühlen wir uns beraubt.

An der Schwelle zur letzten Phase unseres Lebens scheint nichts mehr zu klappen, auch wenn wir uns noch so große Mühe geben. Das auf uns zukommende Alter und die Verschlechterung unseres körperlichen Zustands erscheinen uns abstoßend. Aus Angst stürzen wir uns in hektische körperliche Tätigkeiten, so daß wir vor lauter Beschäftigung keine Zeit zum Denken haben, oder wir versinken tiefer und tiefer in eine lähmende Depression. Nur selten sind wir weise genug, unsere Veränderung zu achten und die Entwicklung zuzulassen. Die meisten von uns flüchten voller Angst vor dem Leben, das dem Alter und dem Tod vorangeht, da wir dazu weder Führung noch Anleitung haben.

Ich war überrascht über den Mangel an Informationen, die sich mit dem Altern als Entwicklungsvorgang befassen. Während das Thema der Krise der mittleren Jahre im Detail analysiert wurde, wird sehr wenig über Abstieg und Gewinn in den Jahren danach geschrieben. Gerontologen studierten das Alter gründlich, doch wenige haben sich mit der «Zeit dazwischen», mit den Fünfziger- und Sechzigerjahren, befaßt. Leute in dieser Altersgruppe sind weder in den mittleren Jahren, noch gehören sie zu den betagten Menschen und bilden eine eigenständige Bevölkerungsgruppe, doch wird wenig über sie oder für sie geschrieben.

Heutzutage verlängert sich in der westlichen Welt die Lebenserwartung, und damit wächst das Bedürfnis nach einer tieferen Weisheit, die älteren Menschen dabei hilft, das körperliche und psychische Loslassen, das dem späten Blühen vorausgeht, zu ehren statt zu verneinen. Das «Dreschen und Härten» einer solchen Zeit kann überwältigend sein. Nicht nur wird unsere bewußte und vertraute Auffassung unser selbst, die wir im Laufe unseres Lebens entwickelt haben, aufs stärkste herausgefordert, auch unsere Psyche und unser Körper werden auf eine Weise geprüft, die sehr schmerzhaft sein kann. Ob wir es wollen oder nicht, wir befinden uns in einer Übergangzeit. Unser Leben verändert sich. Doch niemand sagt uns, wie wir uns zu diesen Änderungen einstellen sollen. Wir suchen nach Antworten, doch finden wir wenig Information. Jane Wheelwright, eine Analytikerin in ihren Achtzigerjahren, schreibt, daß ältere Menschen sich vielleicht fragen: «‹Wo sind die Leitseile für uns als Individuen?› – Sie werden entdecken, daß es keine gibt.»[3]

Wo sollen wir nach Wissen suchen? Wie finden wir die Bestätigung für die schwierige Arbeit während der Jahre, in denen wir uns zu weisen Alten entwickeln?

Jungsche Analytiker scheinen auf eine besondere Weise befähigt zu sein, über die Probleme der Lebensübergänge zu sprechen. Während wir die Seele betreuen und darauf warten, daß sich eine individuelle Lösung zeigt, betonen wir, wie wichtig es ist, Symptome, vor allem Konflikte und Depressionen, zu respektieren. Wir weichen oft von der Mehrheit ab, da wir die Introversion und einen Abstieg ins Unbewußte für wichtige Aufgaben und Streß und Symptome für notwendige Elemente der Initiation in eine neue Lebensweise halten. Diese Perspektive ist vor allem für all die älteren Menschen von Vorteil, die über Jahre hinweg ein starkes Ich entwickelt und einige der Ziele früherer Lebensabschnitte verwirklicht haben.

Im ersten Kapitel beschreibe und definiere ich die tiefgreifende Veränderung oder *metanoia,* zu der die schwierige Zeit des Reifwerdens für das Alter führen kann. Das zweite Kapitel befaßt sich mit dem, was Jung in seinen späten Fünfziger- und Sechzigerjahren zustieß. Seine Erfahrungen und die der zwei bedeutendsten Frauen in seinem Leben vermitteln uns wichtige Einsichten darüber, was es bedeutet, im Chaos der späten Lebensveränderungen auszuharren, bis eine neue Einstellung aus den Tiefen der Psyche aufsteigt.

Im dritten Kapitel betrachte ich die Übergangszeit der Jahre, in denen wir uns zu weisen Alten entwickeln, und was sie für viele Männer und Frauen bedeutet, die dem Alter entgegenreifen. Wie wir im vierten Kapitel sehen, haben Psychologen, Anthropologen und Gerontologen das Alter erforscht, und einige ihrer Ideen sind auch für die vorangehenden Übergangsjahre gültig.

Ein großer Teil der persönlichen Arbeit während der Jahre, in denen wir uns zu «weisen Alten» entwickeln, hat mit dem Körper zu tun. Das fünfte Kapitel befaßt sich speziell mit dem alternden Körper – physisch wie auch imaginal. Der Körper des Menschen in der Phase des Reifwerdens für das Alter enthält Erinnerungen, vielleicht Traumen, auch ein schwächer werdendes Immunsystem und körperliche Symptome, die die psychischen Krankheiten widerspiegeln. Der alternde Körper kann auch eine Quelle der Kreativität und neuer Lebensenergie sein, die darauf warten, freigesetzt zu werden. Mit einer Technik, die Jung *aktive Imagination* nannte, kann man dieses Freisetzen von Energie erleichtern. Das sechste Kapitel gibt Beispiele von aktiver Imagination mit dem Körper und schlägt neue Wege vor, wie wir eine Beziehung zu unserem körperlichen Selbst finden, wenn wir älter werden und uns verändern.

Im siebten Kapitel zeigt sich die Weise Alte in ihren positiven und negativen Aspekten und erweitert unseren Begriff des Alterns. Durch die jahrhundertelange Verunglimpfung des Weiblichen verlor das Wort «Alte» (crone) jeden positiven Wert. Die guten Eigenschaften der alten Frau verschwanden in dem, was Marie-Louise von Franz den «weißen Schatten»[4] nannte; sie wurden unterdrückt und versteckt, so daß nur die dunkle Seite ins Bewußtsein drang. Was würde geschehen, wenn wir uns mit diesem Schatten versöhnten und die positiven Seiten der Weisen Alten anerkennen?

Das achte Kapitel erzählt die Geschichte von Demeter und ihrer Suche nach der verlorenen Jugend und Kreativität. Ihr Mythos spricht von einer periodischen Rückkehr dessen, was in der Unterwelt verschwunden ist. Demeters Tochter wird als junges Mädchen entführt und kommt als Königin zurück. Auf ähnliche Weise kann unsere kreative Energie ins Unbewußte versinken und uns hilflos zurücklassen. Die gleiche Energie kann jedoch, bereichert durch die Zeit in der Dunkelheit, wieder auftauchen.

Während der Jahre, in denen wir uns zu «weisen Alten» entwickeln, erforschen wir einen Lebensabschnitt, der sich von dem der früheren Generationen unterscheidet. Die Zeit des Reifwerdens für das Alter ist eine neue Herausforderung, und wie jede Prüfung führt das Loslassen alter Gewohnheiten zu einer Streßsituation. Der Weg durch die Veränderungen dieser Zeit kann ebenso aufregend und schwierig sein wie jede Reise in der Außenwelt. Diejenigen, die in der heutigen Zeit dem Alter entgegenreifen, sind hoffnungsvolle Wegbereiter für andere, die nach einem neuen Pfad suchen.

1. Änderungen

Übergangszeiten sind Zeiten der Prüfung. Dies trifft vor allem auf die Jahre zu, in denen wir uns zu «weisen Alten» entwickeln, wenn Veränderungen in unserem Körper, unserer Psyche und unseren Lebensumständen uns immer wieder neu herausfordern. Die Welt um uns herum ändert sich; alte Situationen weichen neuen, alte Freunde ziehen fort oder entfremden sich uns, und vertraute Rollen fallen weg und lassen uns entblößt und ungeschützt zurück. Neue Muster, Sitten und Aufgaben machen es uns schwer, uns selbst wiederzuerkennen.

Wenn solches geschieht, können wir auf verschiedene Arten versuchen, damit fertigzuwerden. Wir ziehen uns vielleicht aus Angst vor einer Umwälzung in unserem Leben zurück und fühlen uns dabei desorientiert und machtlos. Oder wir bewaffnen uns und versuchen, unser Leiden zu vernichten. Oder wir leugnen, daß irgend etwas mit uns geschieht. Es ist auch möglich, daß wir in eine Depression fallen und nicht viel mehr zu tun vermögen, als morgens aufzustehen. Eine gesunde Anpassung und Wandlung sind natürlich ebenfalls möglich. Haben wir jedoch Schwierigkeiten, damit fertigzuwerden, vergessen wir leicht, daß solche Probleme unserem Leben einen Sinn geben können.

Anne, eine Analysandin Mitte Sechzig, beklagte sich: «Ich öffne am Morgen die Vorhänge und ziehe sie abends wieder zu, und dazwischen ist nichts als die schmerzliche

Erkenntnis, wieviel ich verloren habe und wie dumm und leer mein Leben geworden ist.» Ihre Kinder waren erwachsen und lebten anderswo, ihre beste Freundin war gestorben. Andere Bekannte waren an neue Arbeitsplätze und in ein wärmeres Klima gezogen. Einer alten Verletzung wegen konnte Anne nicht mehr Sport treiben. Ihre Ehe, die während Jahren turbulent verlaufen war, hatte sich in eine bequeme Freundschaft verwandelt und bestand aus nicht viel mehr als einem gemeinsamen Haus und einer gelegentlichen Mahlzeit zusammen. Annes Enkelkinder, die sie ein- bis zweimal im Jahr besuchten, brachten etwas Liebe in ihr Leben, konnten jedoch nicht verhindern, daß ihr Alltagsleben eintönig geworden war und sie den Ablauf der Zeit nur noch am Ritual des Öffnens und Schließens der Vorhänge erkannte.

Anne war sich nicht bewußt, daß diese Handlung eine Bedeutung hatte, daß sie ein Symbol war. Erst als sie in der Analyse erlebte, daß sie Schwierigkeiten hatte, sich selbst zu öffnen und zu schließen, begann sie in ihrer instinktiven Tätigkeit einen Sinn zu sehen.

Wenn wir uns in einem leeren Leben verlieren, ist es schwer, die Stimme des Instinkts zu hören, die manchmal so tief verborgen ist, daß wir uns ihrer kaum bewußt sind. Sie sagt uns leise, beinahe flüsternd das große Geheimnis – daß unsere verwirrendsten Erfahrungen langsam an der Wandlung unseres Bewußtseins arbeiten. Es ist, als ob wir in einer dunklen Vorhalle zwischen einer alten und einer neuen Lebensart gefangen wären. Die Türen der Vergangenheit schließen sich hinter uns, die Türen der Zukunft sind noch ungeöffnet. Allzuoft vergessen wir, daß wir nur dann ungehindert über die Schwelle in die Zukunft treten können, wenn wir im Übergangsbereich zwischen den Türen ausharren und warten, bis sich eine davon öffnet. Sind wir im Zwischenbereich gefangen und verloren, brauchen wir jemanden, der uns sagt, daß wir in diesem Vestibül eine einzigartige Gelegenheit haben zu entdecken, wer wir werden können. Harren wir geduldig und mutig aus, bis sich unser Leben neuen Möglichkeiten öffnet, können wir unsere Energie und unsere Entwicklungschancen zurückgewinnen.

Jung schenkte solchen Zeiten der Veränderungen in seinem eigenen Leben und in dem seiner Analysanden besondere Aufmerksamkeit. Er schrieb über die Bewußtseinswandlung, die auf die Krise der mittleren Jahre folgt, und auch über seine eigene Einstellungsänderung während seiner Sechziger- und frühen Siebzigerjahre, nach den traumatischen Erfahrungen von Krankheit und Krieg. Er sah sie als Initiationszeit, die eine neue Beziehung zwischen seinem persönlichen Ich und dem Selbst schuf,[5] und nannte diese tiefe Wandlung *metanoia*[6]. Das griechische Wort hat zwei Wurzeln: *meta* bedeutet «große Änderung» wie auch «jenseits», und *noia*, eine Ableitung von *nous,* ist ein Wort, das mehrere Bedeutungen hat. Unter anderem heißt es «höheres Bewußtsein»[7].

In einem gnostischen Schöpfungsmythos, der der Geschichte des Narziß gleicht, ist *Nous* ein Funken des Göttlichen, der sich von den «oberen Regionen» abgelöst hat. Wie er vom Himmel hinunterblickt, sieht er sein eigenes Spiegelbild tief unten im dunklen Chaos von *Physis,* dem Kern der Materie. *Physis* öffnet sich aus Sehnsucht und Leere und nimmt diesen Funken in ihre Tiefe auf. Vereint bringen sie die erste Schöpfung hervor.[8]

Die Vereinigung von *Physis* und *Nous* symbolisiert die sexuelle Vereinigung wie auch die göttliche Hochzeit von Gegensätzen in der Psyche. *Metanoia* können wir als die Vereinigung von all dem betrachten, was bis dahin polarisiert war. Sie ist eine Vereinigung von Gegensätzen in uns selbst, wie wir sie vorher nie erlebt haben. Diese Vereinigung schafft ein neues Bewußtsein, das sich allmählich in unserem Inneren entwickelt. Ein Funken von etwas Göttlichem schwängert die weite, ungeformte Dunkelheit des Unbewußten. Dort reift neues Verständnis, das innerhalb des Chaos langsam Form annimmt. Diese Geburt erwarten wir in einer Zeit des Übergangs und der Verwirrung, manchmal mit Freude, doch auch mit Angst vor dem Unbekannten.

Es gibt Zeiten, zu denen neues Bewußtsein plötzlich in einer lebensverändernden Offenbarung geboren wird. Häufiger jedoch geschieht dies langsam nach einer langen Periode hoffnungslos scheinender Dunkelheit, in der der Samen schöpferischer Energie kaum sichtbar wächst. Wir sind schwanger mit einem neuen Inhalt, den wir weder sehen noch verstehen können. In einer Version des Johannesevangeliums formuliert: «Und das Licht scheint in der Finsternis, und die Finsternis hat es nicht angenommen.»[9]

Jeder Übergang kann eine Gelegenheit für eine bedeutende Änderung sein. Nach Jung sind die mittleren Jahre eine solche Übergangszeit. Die Zeit des Reifwerdens für das Alter ist eine weitere. Diese Jahre, in denen wir weder mittleren Alters noch alt sind, sind uns weniger vertraut, und sie sind vielleicht noch schwieriger zu bewältigen. Sie fordern uns ständig heraus, uns zu ändern, gerade dann, wenn wir uns dafür zu alt oder zu unbeweglich fühlen.

Die Übergangszeit zum Alter ist für die meisten von uns ein unbekanntes Gebiet. Im vergangenen Jahrzehnt wurde viel geforscht über die mittleren Jahre. Zu den neueren Werken über dieses Thema gehören unter anderem *In Midlife* von Murray Stein, *The Middle Passage* von James Hollis und *The Survival Papers* von Daryl Sharp.

Viel weniger wurde über die Lebensperiode geschrieben, die ins Alter führt. Murray Stein betont, daß das Thema «Alter» noch immer ein von der Psychologie unberührtes Gebiet ist.[10] In der zeitgenössischen Fachliteratur wird die Zeit, in der wir zum Altsein heranreifen, oft mit den mittleren Jahren zusammen in einen Topf geworfen, als ob man tatsächlich direkt von den mittleren Jahren ins hohe Alter käme. Viele von uns, die sich in den späten Fünfziger- oder den Sechzigerjahren befinden, sind damit nicht einverstanden. Wir behaupten, daß wir weder in den mittleren Jahren noch alt sind, sondern daß wir in einem undefinierbaren Raum dazwischen leben, wo wir uns an gewissen Tagen voll jugendlicher Energie fühlen und an andern all die Verluste des Alters spüren.[11]

Die *metanoia* der mittleren Jahre ist ein Grund, sich zu freuen. Sie gleicht der Zeit, die in der Bibel beschrieben wird als die Zeit, in der die Wüste blüht und in der man die Stimme der Turteltaube im Lande hört. Haben wir erfolgreich die Krise der mittleren Jahre durchschifft, stellt sich leicht das Gefühl ein, daß wir unsere Arbeit erledigt, unsere Ziele erreicht und die Wandlung der Persönlichkeit ein für allemal überstanden haben. Libido fließt in unser Leben wie frisches Wasser, das aus einer tiefen Quelle emporsteigt.

Mit fünfundvierzig tauchte Dorie mit neuer Energie und neuem Elan aus einer langen Krise der mittleren Jahre auf. «Bitte sagen Sie mir, daß es nie mehr so schlimm sein wird», flehte sie, als wir unsere gemeinsame Arbeit beendeten. Sie spürte, daß sie viele der Stärken und Schwächen ihres Schattens kennengelernt hatte. Sie konnte sich besser durchsetzen und hatte mehr Selbstvertrauen. In den Worten von Polly Young-Eisendrath und Florence Wiedemann hatte sie sich «der Dunkelheit entgegengestellt und ihren Mut gestärkt, indem sie sich ehrlich mit den beschämenden und aggressiven Selbstbildern auseinandersetzte», und hatte «die Müdigkeit, die Depression und die Unruhe durchlebt, die von beidem verursacht wird: der notwendigen Arbeit in der Welt wie auch ihrem auf Selbstreflexion beruhenden Entwicklungsprozeß»[12].

Einen Ausgleich zu schaffen zwischen Familie, Karriere und ihrem eigenen inneren Prozeß schien Dorie oft eine überwältigende und unmögliche Aufgabe, doch sie hatte überlebt und war durch ihre Schwierigkeiten reifer geworden. Nun hatte sie eine neue Stelle, die ihr Energie und geistige Nahrung gab. Sie verstand sich besser mit ihren halbwüchsigen Kindern, da sie ihnen mehr Autonomie zugestehen konnte. Die Beziehung zu ihrem Mann war wenn auch nicht einfach, so doch ehrlicher; auch unterstützten sie sich gegenseitig mehr. Dorie war zufrieden mit ihrem Erfolg und blickte mit freudiger Erregung in die Zukunft. Wir beendeten unsere gemeinsame Arbeit mit einem Gefühl von Genugtuung und Vollendung.

Ich hätte ihr gerne versichert, daß sie nie mehr einen solchen Abstieg in die Tiefe durchmachen würde. Sie hatte ja schließlich ihre Reise ins Unbewußte mit Erfolg überstanden. Sie hatte überlebt. Doch bin ich ziemlich sicher, daß Dorie noch eine weitere, vielleicht noch härtere Zeit der Prüfungen durchmachen wird. Wie erlösend und heilend eine *metanoia* der mittleren Jahre auch sein mag, sie ist vielleicht nur das, was die Alchemisten «ein erstes Weißwerden» nannten, eine *albedo,* eine Vorstufe im Individuationsprozeß.[13] Ziemlich sicher wird Dories Lebenskraft irgendwann zwischen Mitte Fünfzig und Anfang Siebzig nochmals ins Unbewußte sinken, und sie wird erneut der Depression und dem Überdruß verfallen, wenn sie von einer weiteren Initiation und *metanoia* überrascht wird.

Interviews mit älteren Leuten bestätigen, daß viele von ihnen einen Abstieg erleben, der zu einer bedeutenden Veränderung führt. Biographien berühmter Leute zeigen oft ein spätes Aufblühen auf, das einer Krise im sechsten oder siebten Jahrzehnt des Lebens folgt. Aus Jungs Briefen geht klar hervor, daß er einige seiner bedeutendsten Arbeiten über die Alchemie nach dieser Übergangszeit verfaßte. Seine Alterswerke, *Mysterium Coniunctionis* und *Aion,* sind ein reiches Erbe für Leute, die sich mit archetypischem Material befassen.

Jung entwickelte seine eigenen Rituale für sein späteres Leben. In seinen Sechzigerjahren lebte er in Küsnacht und in seinem Turm in Bollingen sehr erdverbunden und nahe beim Zürichsee. Er segelte und arbeitete im Garten. Er erweiterte den Turm in Bollingen und stellte fest, daß sich gleichzeitig mit der Entfaltung seiner Psyche auch sein

Turm vergrößerte. Er meißelte in Stein und beschäftigte sich mit der Alchemie. Auch erkannte er, daß seine Krankheiten Initiationen ins Alter und zu einer neuen Einstellung zu Leben und Tod waren. Ohne große äußere Zeremonien und ganz für sich allein gelang es ihm, rituelle Handlungen zu schaffen, um die Wendepunkte seines Lebens zu kennzeichnen.

Gewisse Gesellschaften führen noch immer Initiationszeremonien durch, zum Beispiel Riten für pubertierende Knaben. Diese werden in gewissen Stämmen von den Männern aus der mütterlichen Umgebung herausgenommen und Prüfungen unterzogen, aus denen sie – oft auch körperlich gezeichnet – als erwachsene Männer hervorgehen. Victor Turner nannte in seinen Studien über primitive Initiationen die Zeit zwischen der Jugend und dem frühen Erwachsenenalter «die Zeit in der Mitte» (betwixt and between) oder «liminale Zeit».[14] *Limen* ist das lateinische Wort für Schwelle. Lebensübergänge, so schreibt Turner, seien Zeiten an der Schwelle zu Veränderungen. Turner wie auch Murray Stein halten fest, daß der Initiand, der im Schwellenbereich steht, sich benebelt und desorientiert fühlen kann.[15] Ich verwende den Begriff «late liminal» [wörtlich «spät-liminal»; hier meist mit «späte Übergangszeit» oder «Schwelle ins Alter» übersetzt, A.d.Üb.] für die Prüfungen des späteren Lebens, da er so treffend den Übergangsbereich zwischen der alten und der neuen Lebensweise beschreibt.

Unsere Gesellschaft hat wenige Übergangsriten für die Übergangszeiten des Alters. Während wir einige unserer Riten der Jugend und des frühen Erwachsenenalters beibehalten haben, zum Beispiel die Bar/Bat Mitzvah und die

Heiratszeremonien, geraten wir in Verlegenheit, wenn es um Rituale des späten Lebens geht. Obwohl viele von uns sich nach einer Zeremonie sehnen, die den Übergang ins Alter kennzeichnet, würden wir uns wohl eher befangen fühlen, bei den Männer- oder Frauengruppen mitzumachen, die gewisse alte Feste wiederbeleben – zum Beispiel «Weisheitsfeiern» (cronings) – oder Kontakt suchen zur inneren wilden Frau oder zum inneren wilden Mann. Vielleicht bewundern wir den guten Zugang zum Humor einer mythischen Figur wie Baubo – der Frau, die Demeter mit ihrem derben Spaß zum Lachen brachte –, doch der Drang nach viktorianischer Anständigkeit ist bei den meisten von uns noch immer stark ausgeprägt. Es fällt uns nicht leicht, uns gehenzulassen oder einen Alterungsprozeß zu feiern, den wir gelernt haben zu verabscheuen. Und doch wissen wir instinktiv, daß unser Körper, unsere täglichen Aktivitäten und unsere Träume sich verändern.

Wir leben in einer Kultur, die arm an Wandlungsritualen ist, doch scheint die psychische Entwicklung sie zu fordern. Dazu der Londoner Analytiker Anthony Stevens:

«Archetypische Initiationssymbole bilden sich spontan in Träumen während kritischer Perioden im Lebenszyklus – während der Pubertät, bei Verlobung, Heirat, Geburt, Scheidung oder Trennung oder beim Tod eines Ehepartners, bei der Verlobung und Heirat der Kinder, wenn das Alter und der Tod auf uns zukommen. … Es scheint, daß man, um eine neue Stufe des Lebens zu erreichen, die dazugehörigen Initiationssymbole erleben muß. Versäumt es die Kultur, diese Symbole in institutioneller Form zur Verfügung zu stellen, ist das Selbst gezwungen, sie *sich faute de mieux* zu beschaffen.»[16]

Es ist, als ob wir auf dem Weg in eine *metanoia* des späten Lebens Rituale entwickeln müßten, die die Verwirrung und Verzweiflung lindern, die wir beim Zurücklassen unserer sicheren, gewohnten Lebensweisen fühlen. Bewußt oder unbewußt führen wir rituelle Handlungen aus, die uns oft durch das Selbst – den Archetyp der Ganzheit und das ordnende Zentrum unserer Psyche – zukommen. Wie Anne markieren wir den Wechsel von Licht und Dunkelheit in unserem Heim. Und während wir von der Vergangenheit in die Zukunft gehen, tragen wir vielleicht Kleider in neuen Farben, oder wir färben unser Haar nicht mehr, beginnen mit einem Traumtagebuch, machen eine Reise, studieren die Natur, untersuchen alte Religionen und Mythen, legen einen neuen Garten an oder entwickeln neue Beziehungen. Oft macht sich auch unser Körper bemerkbar und fordert uns auf: «Achte auf mich», indem er Symptome entwickelt, die wir nicht übersehen können. Auch diese Schmerzen und Gebrechen können eine symbolische oder rituelle Bedeutung haben.

Rituale scheinen vor allem für das Weibliche in Männern wie auch in Frauen wichtig zu sein. Vielleicht hat dies mit dem Bedürfnis zu tun, unsere Beziehung zur Gemeinschaft darzustellen. Obwohl große Fortschritte im Kampf um die Gleichberechtigung erzielt wurden, werden Frauen, vor allem ältere Frauen, oft noch immer als zweitklassige Bürger behandelt. Wir alle, Frauen wie auch Männer, sind nur allzu oft Opfer eines veralteten Patriarchats. Wir Frauen sind die Opfer der Männer – kollektiv und individuell –, aber auch unserer eigenen saturnischen Männlichkeit, die sich stur an veraltete Verhaltens- und Erscheinungsnormen klammert. Die Zeit an der Schwelle zum Alter ist vor allem für diejenigen schwierig, die – kulturell bedingt – dazu erzogen wurden, sich mit ihrer Persona, das heißt mit der Art, wie sie andern gegenüber erscheinen, zu identifizieren. Viele ältere Männer versuchen, hinter die Masken zu schauen, die sie immer getragen haben, und die Verbindung zu den Gefühlen zu finden, die sie traditionsgemäß auf Mütter, Schwestern oder Ehefrauen projizierten. Und viele ältere Frauen versuchen noch immer, endlich ihre eigene Identität geltend zu machen, ihre eigenen Gedanken auszudrücken, nachdem sie sich von der Tradition her vor allem als Tochter, Frau oder Mutter sahen.

Mit oder ohne Rituale – Frauen, die die mittleren Jahre und die erste Phase der Wechseljahre überschritten haben, können weder die Änderungen in ihrem Körper und in ihrer Psyche noch in der Art und Weise, wie die Welt sie wahrnimmt, länger leugnen. Welchen Sinn diese Veränderungen haben, ist jedoch oft unklar.

Bis vor kurzem kamen nur wenige ältere Frauen und noch weniger ältere Männer in eine Psychotherapie. Vielleicht ist dies ein Grund dafür, daß so wenig über eine *metanoia* des späten Lebens geschrieben wurde. Viele, die vor oder während des zweiten Weltkrieges heranwuchsen, ziehen eine Therapie kaum in Betracht. Wenn auch die einen den Übergang leicht und ohne Hilfe überstanden, litten doch viele darunter. Die «Selbst-ist-der-Mann»-Philosophie, die sie von den viktorianischen Eltern mitbekommen hatten, führte oft dazu, daß sie von einer Welle der Depression überwältigt wurden. Selbst heutzutage staunt man manchmal, welches Leiden sich hinter den sorgfältig gepflegten Masken der Männer und Frauen verbirgt, die ihr ganzes Leben lang gelernt hatten, den Schmerz lächelnd zu ertragen. Es ist bemerkenswert, mit welchem Mut sie morgens aufstehen und sich mit jedem Tag auseinandersetzen. Gefärbtes Haar oder ein sorgfältiges Make-up, die Selbstverleugnung und der auf sich selbst bezogene Sarkasmus der einen wie auch die kurz angebundene Rechthaberei und Härte der anderen sind alles erlernte Verhaltensweisen und Überlebensstrategien. Sie wurden ihnen von der Gesellschaft beigebracht, damit sie das Ich und ihr altes Selbstbild aufrechtzuerhalten vermochten.

Wir alle haben die negative Auswirkung des Alkohols gesehen, mit dessen Hilfe sich gewisse ältere Menschen über Wasser halten. Wir haben auch erlebt, wie andere sich quälen und fragen, wieso sie sich krank und unausgeglichen fühlen, wie sie von einem Arzt zum andern wandern, um einen physischen Grund für ihr Leiden zu entdecken. Bis ins spätere zwanzigste Jahrhundert gab es nur selten einen Arzt, der in der Ansammlung von Symptomen seiner älteren Patienten eine symbolische Bedeutung oder einen Zweck sehen konnte oder der verstand, daß «somatisches Leiden», «schwache Nerven» oder «Hypochondrie» eine tiefere Bedeutung haben könnten und nicht gesamthaft als vorübergehende Neurosen alternder Menschen abgetan werden sollten.

Heutzutage machen mehr und mehr ältere Leute eine geeignete Psychotherapie. Trotz der Vorurteile einer Kultur, die für alles eine schnelle und schmerzlose Lösung, ein psychisches Antibiotikum zur Bekämpfung des Depressionsvirus sucht, kommen immer mehr ältere Männer und Frauen in eine Jungsche Analyse. Viele wollen mit ihren Träumen arbeiten und sind stark und fantasievoll genug, um großen Nutzen aus der Tiefenpsychologie zu ziehen. Viele von ihnen haben nicht nur die Fähigkeit zu dieser Arbeit, sondern auch eine gefestigte Persönlichkeit, die sich über ein Leben hinweg entwickelt hat.

Man verfällt leicht dem Irrtum, die Desorientierung eines älteren Menschen in der Übergangszeit für pathologisch oder kontraindiziert für eine tiefenpsychologische Beschäftigung mit sich selbst zu halten. Die Symptome, für die unsere Patienten eine schnelle Lösung suchen, sprechen nicht unbedingt gut auf eine Vorlesung über die Bedeutung des Optimismus oder auf eine psychotrope Droge an. Statt dessen rufen sie ihr Schmerz und ihre Verzweiflung vielleicht dazu auf, sich auf eine Initiationsreise zu begeben, die ihr Leben ändern, sie zu einem fruchtbareren Alter führen und ihnen ermöglichen kann, den unvermeidlichen körperlichen Tod auf neue Weise zu akzeptieren.

Ich frage mich oft, ob nicht Therapeuten und Analytiker durch eine subtile Diskriminierung des Alters manchmal mitverantwortlich dafür sind, daß sich so viele Fünfzig- und Sechzigjährige nicht bewußt sind, daß das Gefühl des nahe bevorstehenden Todes und schmerzhafte somatische Symptome normal sind. Die Gefahr besteht immer, daß man unwissentlich den Widerstand eines Menschen noch verstärkt, indem man die verwirrenden Merkmale des Übergangs ins Alter pathologisiert. Man braucht Zeit, um zu erkennen, daß Depressionen und körperliches Leiden wichtige Marksteine auf einer bedeutenden Reise ins Innere sein können. Zu unserer Aufgabe als

Führer gehört es, den älteren Menschen dabei zu helfen, ihre Symptome als Aufforderung zum Abstieg in eine andere Welt, ins Land der Mütter, ins Unbewußte, zu erkennen, damit sie dort das suchen, was Patricia Berry «unsere unsichtbare Mutter in der Unterwelt» nennt:

> «... die Persephone, die über die grundlegenden, begrenzenden und immateriellen Muster der Seele regiert; und die ursprüngliche Mutter von allem, Gaia – die die Erde ist und zugleich, ohne damit im Widerspruch zu stehen, die tiefere Stütze unter der physischen Erscheinung der Erde, das Nichtsein unterhalb und innerhalb des Seins.»[17]

Berrys Überlegung paßt auf unsere Zeit und spricht vor allem diejenigen an, die so fleißig nach ihren Wurzeln suchen und sich bemühen, zu einem bejahenden Gefühl für das Weibliche zurückzufinden. Die Bemühungen in der modernen Zeit, die *mater*, den Kern der Materie, zu finden, haben das Leben vieler Menschen verändert. Wir dürfen jedoch nicht vergessen, daß dies äußere Formen eines inneren Bedürfnisses sind, unsere eigene Verbindung zur archetypischen Mutter, dem Unbewußten, zu finden.

Wenden wir unsere Aufmerksamkeit unserer Seele zu, beginnen Bilder aus der Tiefe des Unbekannten emporzusteigen. Obwohl einige dieser Bilder manchmal furchterregend und/oder destruktiv scheinen, kann es sich dabei auch um Initiationsführer in eine zukünftige *metanoia* handeln. Oft enthalten die schrecklichsten Träume symbolische Botschaften, die gerade das enthalten, was der Träumer zur Zeit braucht. Und die harmlosesten Träume sind möglicherweise bedeutende Straßentafeln auf unserem Initiationsweg. Manchmal begegnet man in den angsteinflößendsten oder peinlichsten Träumen uralten Bildern von großer Bedeutung. Freud hatte recht in seiner Annahme, daß sexuelle Symbole enorm wichtig sind. Doch macht man es sich zu einfach, wenn man diese Symbole ausschließlich konkret interpretiert und ihre Bedeutung als Zeichen eines archetypischen Dranges, die Gegensätze innerhalb der Psyche zu vereinigen, übersieht.

William, gerade sechzig Jahre alt, spricht wiederholt von seinem Wunsch, Sex mit seiner Frau in ihrem Jacuzzi zu haben. Er wundert sich, wieso es ihn so «unvernünftig» wütend macht, daß sie sich weigert. Da er die alchemistischen Bilder der Vereinigung von Männlichem und Weiblichem in einem rituellen Bad nicht kennt, schämt sich William, und er will sich für sein Begehren und seinen Ärger entschuldigen. Wie er aber versteht, daß sein Wunsch nach dieser Art Sex auch eine Sehnsucht darstellt, in ritueller Art eine unbewußte Vereinigung der männlichen und weiblichen Elemente in seiner eigenen Psyche auszudrücken, kann er mit seiner Frau darüber sprechen, was diese Handlung für ihn bedeutet. Somit fühlt sie sich auch weniger bedroht von dem, was sie vorher für lüsterne Anzüglichkeiten hielt.

Sexuelles Begehren ändert sich oft mit dem Alter. Man muß vielleicht dem Vorspiel mehr Zeit und Aufmerksamkeit schenken. Versteht man dies nicht richtig, kann es in dem Sinne mißdeutet werden, daß man einen alten Liebhaber mit einem jüngeren vertauschen sollte. Betrachtet man hingegen das Langsamerwerden als natürlichen Teil des Alterungsprozesses, kann eine auf einer gemeinsamen Lebensgeschichte und Freundschaft aufgebaute Beziehung dadurch bereichert werden. Dann mag die

Lust am Experimentieren entstehen, wie zum Beispiel Williams Wunsch nach Sex im Jacuzzi. Das Verständnis für die symbolische Bedeutung solcher Wünsche vermag die Partnerbeziehung durch eine neue Erfahrung zu beleben.

Trotz der Nachteile, die das Altern mit sich bringt, kann die späte Übergangszeit ein neues Gefühl von Freiheit und Individualität vermitteln. Viele von uns fühlen sich von einem tieferen Verständnis in der Art, wie es William erfuhr, oder von der Freiheit der Frauen, die die Sinnlichkeit ihres Körpers zu genießen beginnen, angezogen. Ältere Menschen können oft mehr improvisieren, da sie sich nicht länger verpflichtet fühlen, vergangene, oft funktionsunfähige Familienmuster aufrechtzuerhalten. Sie fürchten sich nicht mehr davor, daß man sie für unfähig oder ungeschickt halten könnte, und sie vermögen ihr früheres Bedürfnis nach Perfektion zum großen Teil aufzugeben. Sie wagen es eher, ihr Anderssein zu akzeptieren, fühlen sich ihrem eigenen Wesen mehr verpflichtet und sorgen sich weniger, ob sie andern gefallen oder nicht. Sie wagen es sogar, ausgefallen zu sein und eine Persona anzunehmen, die mehr ihrem persönlichen Geschmack entspricht und weniger den kollektiven Normen.

Eine Frau formulierte es so:

«Ich arbeite jetzt mit meinem Körper zusammen statt gegen ihn. Er hat mir in all den Jahren erstaunlich gut gedient. Sogar meine Krankheiten erscheinen mir heute als eine Art Pflege, die mich zu mir selbst brachte. Nun finde ich, daß es an mir ist, mich dafür zu revanchieren. Ich lasse mich massieren, ich trainiere und ich esse gesunde Dinge, die meinen Körper nähren. Es gelingt mir nicht immer, doch mein Körper und ich verständigen uns sehr gut, und wenn ich etwas Falsches mache, läßt er es mich sofort wissen!»

Während die *metanoia* des späten Lebens ein Gefühl der Freiheit und Achtung vor der «Verkörperung» mit sich bringt, kann die Übergangszeit, die ihr vorangeht, schwierig und schmerzhaft sein. Wir alle müssen sowohl die Verluste wie auch die Gewinne dieser Jahre erleben, wollen wir mit der Seelenstärke alt werden, die für eine bewußte Kreativität notwendig ist.

In einer Gesellschaft, in der nur die Jungen als wirklich lebendig gelten und in der das Alter als das Wartezimmer zum Tod betrachtet wird, haben viele ältere Menschen große Probleme mit der Rastlosigkeit und den mangelnden Werten, die sie in sich selbst und in ihrer Umgebung spüren. Dies wird noch verstärkt durch eine Kultur, die den Tod als Ende statt als Wandlung betrachtet, und führt zu einem nur schwer im Zaum zu haltenden Entsetzen vor Depressionen, die ihnen wie der bevorstehende Tod erscheinen.

Die Probleme und das Leiden einer solchen Initiationszeit sind bildhaft in einem Gedicht des *Tao te King* beschrieben:

Gib dein Wissen auf, dann bist du sorgenfrei!
Zwischen ja und Ja, was ist da der Unterschied?
Zwischen Gut und Böse – was ist der Unterschied?
Muß ich ehren, was andere bekennen?
Oh, Weite, habe ich deine Mitte noch nicht erreicht?
Andere Menschen sind glücklich, wie wenn sie
    ein großes Fest feierten,
Wie wenn sie hohe Türme bestiegen.
Ich allein irre umher, auf ein Zeichen wartend,

Wie ein Kleinkind, bevor es lächeln kann,
Lustlos wie ein Wanderer ohne Heimat.
Andere leben im Überfluß
Ich allein bin verlassen.
Wahrlich, ich habe das Herz eines Narren!
Chaos! Oh, Chaos!
Die Menschen der Welt sind hell, so hell!
Nur ich bin ein Dummkopf
Traurig, so traurig,
Rastlos, ach, wie das Meer
Hin- und hergetrieben von den Winden der Veränderung.
Alle Menschen haben Aufgaben.
Ich allein bin müßig, anders, zu nichts zu gebrauchen,
– denn ich verehre die großzügige Mutter.[18]

Tatsächlich fühlen sich viele von uns in den Wirren der
Zeit vor der späten *metanoia* rastlos und hin- und herge-
blasen von den Winden der Veränderungen. Wir können
weder unsere Identität noch unsere Ziele erkennen. Wir
treiben in einem weiten, unerforschten Meer und warten
auf ein Zeichen. Weltliche Leistungen verlieren ihre
Bedeutung, und wir fühlen uns wie Dummköpfe in einer Welt, in der andere scheinbar wissen, was sie tun. Sie
scheinen Antworten zu haben, sie scheinen zu wissen,
was richtig oder falsch, was gut oder schlecht ist. Wir
sehen sie als Menschen mit großem Wissen und starkem
Selbstvertrauen, während wir uns so bedürftig wie
Neugeborene fühlen. Wenn uns die weltliche Weisheit,
die wir während des ganzen Lebens erworben haben,
plötzlich im Stich läßt, wenn die «großzügige Mutter»
des Unbewußten uns in ihre Tiefen zieht, sind wir verloren.

Wie könnten wir einen Abstieg ins Unbewußte bejahen, wenn wir zutiefst verwirrt sind? Können wir die
Wirklichkeit und die Bedeutung der Veränderungen einer
späten Übergangszeit akzeptieren? Und wer kann uns bei
diesen Übergängen führen?

Viele der frühen gerontologischen Studien stützten sich
auf ein medizinisches Modell, das das Ziel in der Verhü-
tung und Linderung der Symptome sah. Sie untermauern
somit die allgemeine Einstellung, daß die beste Behand-
lungsmethode für das Alter darin bestehe, dessen Nachteile zu verhindern. Neue Studien, zum Beispiel diejenige
des «Women's Collective» in Boston, sind mehr auf Wachstum und Veränderung in den späten Jahren ausgerich-
tet.[19] Auch eine Konferenz über «Bewußtes Altern», die
im Frühling 1992 in New York stattfand, unterstützte eine
solche Ausrichtung. Marion Woodman, Joan Halifax und
Rabbi Zalman Schacter-Shalomi sprachen dort über die
Stellung der Älteren in primitiven und modernen Gesellschaften.

Obwohl Jungsche Analytiker – unter anderem M.
Esther Harding, Marie-Louise von Franz, Irene Claremont de Castillejo und Jane Wheelwright – nicht direkt
über die Jahre, in denen wir uns zu «weisen Alten» entwickeln, schrieben, vermitteln uns ihre Werke ganz
besondere Weisheiten über das Alter und die alten Traditionen, die es ehren.

Besonders zu erwähnen ist Florida Scott-Maxwell, eine
der Wegbereiterinnen unter den Jungschen Autorinnen,
die über den Alterungsprozeß schrieben. Sie war wichtig
für meine eigene Einführung in die Jungsche Denkens-
weise in den frühen sechziger Jahren. Als ich Geronto-

logie studierte, stieß ich auf einen Artikel, in dem sie schrieb, daß ältere Menschen sich «vielleicht mit einem Schimmer Ironie und entsprechender Bescheidenheit im Angesicht von Gut und Böse» mit der Wahrheit abfinden müssen:

«Der Gedanke, der uns immer im Kopf herumspukt, ist, daß wir möglicherweise nichts über das Alter wissen. Vielleicht liegt alles vor uns, und wir können uns nur von Tag zu Tag damit befassen, bis ans unvorhersehbare Ende. Jede Stunde nagt an unserer Festigkeit, und mit jeder kleinen Demütigung geben wir etwas auf. ...

Besteht die Aufgabe darin, im Feuer der Einsicht geschmiedet zu werden, dann ist vielleicht ... eine kindliche Natürlichkeit die Belohnung. Obschon wir von Schmerzen geplagte, unfähige Wracks sind, gibt es Zeiten, in denen wir in unseren Herzen wunderbar und unheilbar jung sind. Ich habe keine Ahnung, ob wir so sein sollen oder nicht. Wer weiß das schon?»[20]

Als Mädchen erlebte ich die kindliche Natürlichkeit meiner Großmütter und Großtanten beim Älterwerden. Mit sechzig konnten sie spielen und sich Dinge ausmalen, für die Eltern in den mittleren Jahren keine Zeit oder Geduld hatten. Später erkannte ich diese Eigenschaft in älteren Freundinnen wieder und in einigen der Frauen, mit denen ich in einem Zentrum für Betagte zusammenarbeitete. Nun erkannte ich natürlich auch die Mühen, die Schmerzen und das Leiden, das zu ihrem Leben gehörte.

Auch Jung lebte seine Spontaneität in seinem hohen Alter. Viele Autoren schrieben von seinem ansteckenden Lachen und seinem Bauernhumor. Man kann sich kaum vorstellen, daß er noch immer Zeit fand für seine Korrespondenz und für die vielen Wallfahrer, die ihn in seinen späten Jahren besuchten. Doch irgendwie gelang es ihm, viele zu beraten, selbst wenn er krank war.

Wir werden im nächsten Kapitel sehen, daß Jungs siebtes Lebensjahrzehnt außerordentliche Anforderungen an ihn stellte. Der Tod der beiden Frauen, die einen bedeutenden Teil seiner Anima beziehungsweise seiner weiblichen Eigenschaften für ihn getragen hatten – seine Frau Emma und seine Seelenfreundin Toni Wolff – schmerzte ihn sehr. Eine Reihe katastrophaler, lebensbedrohender Krankheiten in seinen späten Sechziger- und frühen Siebzigerjahren waren Prüfungen, denen nur wenige gewachsen wären. Trotz dieser Verluste schuf Jung einige seiner wichtigsten Werke. Wie er selbst berichtet, halfen ihm diese Ereignisse, ein Ich zu entwickeln, das die Wahrheit ertragen konnte und in der Lage war, mit der Welt und dem Schicksal fertigzuwerden:

«Es wird nichts gestört – weder außen noch innen; denn die eigene Kontinuität hat dem Strom des Lebens und der Zeit standgehalten.»[21]

2. Jungs Übergang ins späte Leben

1932, in seinem siebenundfünfzigsten Lebensjahr, veröffentlichte C. G. Jung den Aufsatz «Vom Werden der Persönlichkeit». Darin schrieb er:

«Die Persönlichkeit entwickelt sich im Laufe des Lebens aus schwer oder gar undeutbaren Keimanlagen, und erst durch unsere Tat wird es offenbar, wer wir sind. Wir sind wie die Sonne, welche das Leben der Erde nährt und allerhand Schönes, Seltsames und Übles hervorbringt ... Wir wissen zunächst nicht, welche Taten oder Untaten, welches Schicksal, welches Gute oder welches Böse wir enthalten; und erst der Herbst wird zeigen, was der Frühling gezeugt hat...»[22]

Jung befand sich selbst im Herbst des Lebens. Seine Arbeit hatte ihn sehr berühmt gemacht, und Menschen aus aller Welt kamen, um ihn um Rat zu bitten. Die einen blieben bei ihm und wurden zu seinen Kollegen und Helfern. Andere, die sich in seiner Form des Zugangs zur Seele hatten ausbilden lassen, praktizierten und unterrichteten seine Tiefenpsychologie in andern Ländern. Die Menschen, die mit ihm oder seinen Studenten zusammenarbeiteten, verstanden bald, was er mit dem Preis meinte, den man für die Individuation bezahlen muß:

«Niemand nämlich entwickelt seine Persönlichkeit, weil ihm jemand gesagt hat, es wäre nützlich oder ratsam, es zu tun. Die Natur hat sich durch wohlmeinende Ratschläge noch nie imponieren lassen. ...

... Die Entwicklung der Persönlichkeit ist ein solches Glück, daß man es nur teuer bezahlen kann. ...

... sie heißt auch: *Treue zum eigenen Gesetz.*»[23]

«Was veranlaßt schließlich einen, den eigenen Weg zu wählen und dadurch aus der unbewußten Identität mit der Masse wie aus einer Nebelschicht herauszusteigen? Die Not kann es nicht sein, denn Not kommt an viele, und sie retten sich alle in die Konventionen.»[24]

«Es ist das, was man *Bestimmung* nennt; ein irrationaler Faktor, der schicksalhaft zur Emanzipation von der Herde und ihren ausgetretenen Wegen drängt. Echte Persönlichkeit hat immer Bestimmung und glaubt an sie, hat pistis zu ihr, wie zu Gott ... Diese Bestimmung wirkt aber wie ein Gesetz Gottes, von dem es kein Abweichen gibt.»[25]

Er schrieb auch:

«Man könnte ja alles beim alten lassen, wenn dieser neue Weg es nicht unbedingt verlangte, entdeckt zu werden, und die Menschheit nicht mit allen Plagen Ägyptens solange heimsuchte, bis der neue Weg gefunden ist.»[26]

Diese Worte könnte man beinahe als Vorahnung auffassen, denn Jung wurde in den folgenden Jahren wiederholt «heimgesucht». In seinen Sechziger- und frühen Siebzigerjahren mußte er sich nicht nur mit dem Streß einer voll besetzten Praxis und seinem weltweiten Ruhm auseinandersetzen, sondern auch mit dem Druck des Nationalsozialismus, der in die Schweiz einzudringen begann. Die Spannungen, die er Ende der dreißiger Jahre spürte, glichen denen, die er in seinen mittleren Jahren erlebt hatte und die mit seinen Visionen von 1913 begonnen hatten. Nun war er jedoch älter, und sein Leben hatte sich bedeutend verändert.

Seine furchterregenden Träume und Visionen in den Jahren vor dem Ersten Weltkrieg hatten ihn in eine Zeit der Verwirrung und Verzweiflung gestürzt. Seine Kämpfe während jener Jahre hatten eine große Veränderung seiner bewußten Einstellung bewirkt und Wandlung und Kreativität in sein Leben und Werk gebracht – eine *metanoia* der mittleren Jahre.

Trotz der psychischen Ausgeglichenheit, die er inzwischen erreicht hatte, wurde Jung in seinen Sechzigerjahren wiederum stark herausgefordert und geprüft, wie seine Briefe von 1935 bis 1945 zeigen. Die Spannungen, unter denen er litt, hatten diesmal eine andere Wirkung, waren jedoch sicher nicht leichter zu ertragen.

In seinen Träumen und Visionen der mittleren Jahre war Europa blutüberströmt, und alte, kriegerische Götter ritten dem Himmel entlang in die Schlacht. Zu jener Zeit fühlte er sich von Unstimmigkeiten in seiner eigenen Psyche bedroht. Erst später erkannte er die Synchronizität, die seine Erfahrungen mit dem, was sich kurz darauf in der äußeren Welt abspielte, verband. Es scheint offensichtlich, daß er 1913 noch nicht mit dem Mystiker in sich selbst eine Einigung erzielt hatte. Die Bilder, die er während dieser Zeit malte, zeigen die beinahe überwältigende Macht, die unbewußte Kräfte während der Veränderungen in seinen mittleren Jahren auf ihn hatten.[27]

In seinen Sechzigerjahren machte Jung der Druck seiner Arbeit und des Krieges auf andere Weise zu schaffen. Neue Krisen entstanden; dieses Mal scheint sich der Kampf mehr auf der Ebene des Körpers und in dessen

Reaktion auf die Umwälzungen im äußeren Leben abgespielt zu haben. Einige der somatischen Auswirkungen rührten von den Belastungen eines neuen Krieges her. Andere waren die Folgen von Alter und Verlusten. Es ist nicht selten, daß eine Krise an der Schwelle zum Alter eine physische Form annimmt und uns zwingt, unserem Körper neue Beachtung zu schenken. Gleichzeitig machen uns körperliche Veränderungen auf unsere Psyche aufmerksam. Es scheint eine notwendige Aufgabe der Individuation zu sein, uns mit unserem physischen Wesen auseinanderzusetzen. Manchmal geschieht dies in der Form einer schweren Krankheit. Die Arbeit von Joan Halifax mit älteren Schamanen der Regenwaldkulturen überzeugte sie, daß Schamanen sich bei ihrem Training schweren körperlichen Prüfungen unterziehen müssen, die als Teil einer Phase der Auflösung einer neuen Integration vorangehen.[28]

Zwischen seinen Dreißiger- und Sechzigerjahren arbeitete Jung sehr produktiv, schrieb, analysierte Patienten und baute die ersten Teile des Turmes in Bollingen, der, wie er erkannte, seine eigene psychische Entwicklung widerspiegelte. Seine fünf Kinder waren erwachsen geworden, und er hatte sieben Großkinder. Er war Präsident der *International Society for Psychotherapy,* reiste viel und hatte zahlreiche Auszeichnungen in der ganzen Welt gewonnen. Bauern wie Gelehrte betrachteten ihn als großen Mann.

Es lastete jedoch ein starker Druck auf diesem großen Mann. Analysanden erwarteten, daß er ihren Individuationsprozeß auf beinahe magische Weise erleichterte. Diejenigen, die ihre Analyse abgeschlossen hatten, erwarteten, daß er ihre Briefe beantwortete. Große Geister begannen ihn als wertvollen Kollegen zu betrachten. Seine Arbeit und seine Korrespondenz wuchsen und stellten hohe Anforderungen an seine Zeit und Energie.

Im großen und ganzen bewältigte Jung seine Aufgaben ohne ernste Schwierigkeiten. Eine Krankheit jedoch, die ihn nach einer Indienreise im Jahre 1937 befiel, zwang ihn, seine Tätigkeit etwas einzuschränken. Mit zweiundsechzig litt er stark unter den Folgen einer Dysenterie. Im März jenes Jahres schrieb er, daß «Krankheit und unmäßige Arbeitsbelastung» ihn daran hinderten, mit andern zu korrespondieren.[29] Ein Jahr später teilte er seinem Arzt mit, daß es ihm viel besser gehe, daß er drei- bis sechsstündige Wanderungen unternehme, Berge besteige, in seinem Garten arbeite, eine längere Arbeit auf englisch schreibe und «vor Kraft strotze»[30]. Die gesundheitliche Krise schien vorüber zu sein. Trotz innerem und äußerem Druck war Jung wieder in der Lage, den so starken kreativen Kräften in seinem Innern Form zu geben.

Nur ein Jahr später jedoch schrieb er von einem kleinen Zusammenbruch wegen Überarbeitung.[31] Damals bestand die unmittelbare Gefahr eines weiteren Krieges. «Hitler ist im Begriff, seinen Höhepunkt zu erreichen, und mit ihm die deutsche Psychose.»[32] An M. Esther Harding in New York schrieb er: «… aber mein Leben ist provisorisch, in Erwartung verschiedenster Möglichkeiten.»[33] Er hoffe, die Schweiz werde nicht in den Krieg verwickelt.

Im Frühling 1940 war die Bedrohung durch eine Invasion so groß, daß Jung die Frauen und Kinder seiner Familie in die Schweizer Alpen in der Nähe von Saanen in Sicherheit brachte. Die jüngeren Männer der Familie waren in der Armee und verteidigten die Grenzen ihres Landes, das von faschistischen Mächten umringt war. Jung, der nun der einzige erwachsene Mann in einem Haushalt mit Frauen und Kindern war und sich aus der vertrauten Umgebung seines Heims und seiner Praxis herausgerissen fühlte, berichtete einer Bekannten, es komme ihm vor, als ob sie auf einer Dynamitkiste säßen, die im nächsten Augenblick in die Luft fliegen könnte. «Aber man ist ruhig, weil es ein großes Schicksal ist.»[34]

Die Belastungen des Exils und das Warten auf einen Krieg, in dem sein Land und seine Familie möglicherweise Leid ertragen mußten, verstärkten das Gefühl des drohenden Untergangs. Wie viele, die die physische und psychische Verwüstung durch den Ersten Weltkrieg erlebt hatten, wußte Jung sehr wohl, was das «Schicksal» des Konflikts sein könnte. Er fühlte sich auch persönlich angegriffen. Gerüchte, daß er ein Nazi sei, brachten ihn dazu, einem Kollegen zu schreiben:

«Ich glaube nicht, daß ich einen Verfolgungswahn habe. Die Schwierigkeit ist real. Was ich auch anfasse und wohin ich auch gehe, treffe ich auf das Vorurteil, daß ich ein Nazi sei und daß ich eine enge Verbindung zur deutschen Regierung habe.»[35]

Solche Behauptungen schadeten seinem Ruf. In seiner Funktion als Präsident der *International Society for Psychotherapy* war Jung entschlossen, die Verbindung zu den deutschen Mitgliedern aufrechtzuerhalten. Er hatte auch einen Artikel veröffentlicht, in dem er Vergleiche zwischen jüdischer und arischer Psychologie zog. Dieser

Artikel wird auch heute noch zum Teil als antisemitisch interpretiert.[36] Er verstrickte sich zwar in gewisse kulturelle Stereotypen seines viktorianischen Zeitalters, doch war er kein Antisemit. Er nahm viele jüdische Analysanden an, von denen einige zu seinen berühmtesten Studentinnen und Studenten wurden. Auch half er vielen Juden bei der Flucht vor dem Nationalsozialismus und ermutigte eine seiner Studentinnen, ihre Verbindung zu Naziführern zu nutzen, um für die Alliierten zu spionieren. Trotzdem gelang es ihm anscheinend nicht, sich von der Anklage zu befreien, er sei pro-Nazi. Daß ihm dieser Makel blieb, zeigt, wie extrem schwierig es ist, sich mit den unbewußten Kräften in der Psyche wie auch in der äußeren Welt auseinanderzusetzen, ohne daß die irreführende Auffassung entsteht, man sei mit diesen Kräften im Einverständnis.

Als die Gefahr einer Invasion nicht mehr bestand, konnte Jung mit seiner Familie nach Zürich zurückkehren und die Zeit in Bollingen verbringen. Trotzdem bezeichnete er 1941 als das *anno miseriae,* das Jahr des Elends. Er fühlte sich alt und morsch, war zu sehr mit Vorlesungen, Treffen und Patienten beschäftigt, um zu schreiben, und «sehr müde und durch die Sinnlosigkeit dieses Krieges tief deprimiert»[37]. Er begann sein Alter zu fühlen und berichtete: «... immer wenn ich etwas zu sehr ermüde, fühle ich auch mein Herz; das ist sehr unangenehm und verstimmt mich gegen die ganze, ohnehin verdammenswerte Welt.»[38] Jung war inzwischen sechsundsechzig Jahre alt. Das Elend des Krieges wurde größer. Jung beschrieb die ersten vier Tage nach Pearl Harbor als «eine Phase schwarzer Depression»[39].

Im selben Monat beantwortete er eine Frage über einen Traum:

«Der dunkle Weg muß nämlich meist in der Wirklichkeit gegangen werden und nicht in der Phantasie, sonst könnte man sich unendlich viele lebenswichtige Unannehmlichkeiten ersparen. Darum glaube ich, wenn Sie sich möglichst nahe an der tatsächlichen Wirklichkeit halten und dort versuchen, sich zu produzieren und die Dunkelheiten aufzuklären, Sie auf einem normaleren Weg sind ...»[40]

Dieser Rat, wie man einen Tiefpunkt und eine Depression überlebt, hätte ebensogut an ihn selbst wie an seinen Patienten gerichtet sein können. Man kann sich ein *abaissement* oder die Dunkelheit eines «Abstiegs» nicht einfach in der Fantasie vorstellen. Man muß die Wirklichkeit erleben, muß versuchen, einen Funken Licht zu finden in der Finsternis unbekannter Mächte, denen man begegnet, wenn das Bewußtsein scheinbar in Vergessenheit gerät. Die Unannehmlichkeiten der inneren und äußeren Erfahrungen, die man zu einer solchen Zeit macht, kann man nicht verhindern, man muß sie durchleben. Wenn wir in die Tiefe der Psyche hinabsteigen, ist es wichtig, so fest wie möglich in der äußeren Welt verankert zu bleiben. So behalten wir ein Gefühl für die äußere Wirklichkeit, auch wenn dies schmerzhaft ist.

Jung scheint seinen eigenen Rat während des «Abstieges» in seiner späten Übergangszeit befolgt zu haben. 1942 gab er seine Vorlesungen an der Eidgenössischen Technischen Hochschule in Zürich – eine Tätigkeit, die ihm Freude bereitet hatte – wegen seiner schlechten Gesundheit auf.

Er war sehr intensiv mit dem Vortrag «Der Geist des Mercurius»[41] beschäftigt:

> «Ich bin schrecklich in Anspruch genommen durch mein Mercurius-Material und mußte es sogar leben, d. h., es ergriff mich, agierte die Wandlung des Mercurius in meinem menschlichen Organismus und bereitete mir auf diese Weise zwei sehr unerfreuliche Wochen.»[42]

Und etwa eine Woche danach:

> «Im Augenblick stecke ich noch tief im Mercurius, der mich, wie er zu versuchen pflegt, beinahe aufgelöst hätte, und fast wäre es ihm gelungen, mich Glied für Glied zu zerstückeln.»[43]

Später berichtete er, er «ringe eben mit diesem Problem der Coniunctio … Es ist unglaublich schwierig»[44]. Diese Auseinandersetzung trug Früchte in einem seiner bedeutendsten Werke, *Mysterium Coniunctionis*[45], das er nach seiner Krankheit schrieb.

Im Januar 1944 brach er mit neunundsechzig sein Fußgelenk, unmittelbar darauf folgte ein schwerer Herzanfall. Seine Träume und Visionen aus dieser Zeit sind im Detail in *Erinnerungen, Träume, Gedanken* beschrieben. Während dieser Krankheit hatte er eine Reihe von Nahtod-Erfahrungen, wie man sie heute nennen würde. Sie ereigneten sich an einem kritischen Höhepunkt während Jungs Übergang in eine neue Lebensphase. In der Tat geht einer bewußten Einstellungsänderung oft eine solche numinose Erfahrung voraus. Bei Jung war dies sicher der Fall. Er gelangte durch eine Depression und eine somatische Reaktion in eine *metanoia* der späten Übergangszeit.

1945 – nach seiner Erholung – richtete er einen Trost-
brief an eine Bekannte, die im Sterben lag, und dachte
dabei über seine eigene Erfahrung nach:

«Während meiner Krankheit war etwas da, das mich trug.
Meine Füße standen nicht auf Luft, und ich hatte den Beweis,
sicheren Grund erreicht zu haben. Ganz gleich was man tut,
wenn es aufrichtig geschieht, wird es schließlich Brücke zur
eigenen Ganzheit, ein gutes Schiff, das einen durch die Dunkelheit der zweiten Geburt trägt, welche nach außen hin als
Tod erscheint. ... Haben Sie Geduld und betrachten Sie es
als eine neue, schwierige Aufgabe, diesmal die letzte.»[46]

Zu einer früheren Zeit, er war damals siebenundsechzig,
hatte er an eine Berufsfotografin in Ascona geschrieben:

«Wenn man älter wird, muß man versuchen, sich nicht unnö-
tigerweise abzuschinden. Wenigstens geht es mir so. ... Ich
komme kaum nach und muß aufpassen, daß mich die ‹schöpferischen Aufbaukräfte› nicht im Galopp ums Universum
herumjagen. ... Ich habe hauptsächlich mir begütigend zu-
zureden, mit viel Fleiß und Aufmerksamkeit, ja nicht zu viel
zu tun.»[47]

Er fügte hinzu, er habe während seiner Ferien in Bollingen zwei Monate gebraucht, um es so weit zu bringen,
nichts mehr zu tun. Und weiter:

«Da bei Frauen aber alles umgekehrt ist, so vermute ich, daß
Ihre Formeln beim weiblichen Geschlecht durchaus zu Recht
bestehen. ... Um es kurz zu fassen, könnte man vielleicht
sagen: bei den Frauen muß die innere Pression mit etwas ein-
gepumpter Kohlensäure erhöht werden; dem Mann ist zu
empfehlen, einen Hahn ans Faß zu machen, so daß er nicht
komplett ausläuft.»[48]

Eine Frau von heute kann sich nur mit Mühe vorstellen, daß die Empfängerin eines solchen Briefes nicht beleidigt war über den vermeintlichen Unterschied zwischen männlicher und weiblicher Kreativität. Man kann sich auch nur schwer vorstellen, daß Jung, der sich vieler seiner Komplexe bewußt war, die Projektion seiner eigenen weiblichen Eigenschaften, seiner Anima, auf Frauen in seiner Umgebung sowie auf Frauen im allgemeinen nicht erkannte. Vielleicht waren es seine eigenen weiblichen kreativen Kräfte, die der Stärkung bedurften, damit sie wie perlendes Wasser sprudelten, und dann vorsichtig vom Ich oder Selbst überwacht werden mußten, die erkannten, daß er nach seiner schweren Krankheit nicht mehr länger die Kraft hatte, sich «im Galopp ums Universum herumjagen zu lassen».

Sicher bedurften die zwei Frauen, die ihm am nächsten standen, keiner «eingepumpten Kohlensäure», um schöpferisch und produktiv zu sein. Emma Jung, seine Frau, wie auch Toni Wolff, seine Seelenpartnerin, unterstützten und ermunterten ihn, als sie älter wurden, schufen aber gleichzeitig bedeutende eigene Werke.

Im Jahre 1942 war Emma Jung sechzig Jahre alt. Sie führte eine lebhafte analytische Praxis, zu der sie spät im Leben kam. Diese analytische Arbeit begann eigenartigerweise, als eine von Jungs Patientinnen träumte, daß Frau Jung ihr etwas zu geben habe. Jung nahm diesen Traum wörtlich und ermutigte seine Frau, mit ihrer eigenen Praxis zu beginnen. Dies ist eine interessante Bestätigung, daß Jung seine Anima auf seine Frau projiziert hat, denn Jung hat diesen Traum nicht als Wunsch der Patientin interpretiert, seine eigenen weiblichen Eigenschaften zu erhalten.

Was genau diese Eigenschaften waren, kann man nur vermuten. Viele haben über Emma Jungs starke Empfindungsfunktion und auch über ihre Geduld und Liebenswürdigkeit geschrieben.

Auch Emma Jung hatte die Schrecken des Krieges und die Umwälzungen in der Familie erfahren. Sie war eine gute Hausfrau und führte den Haushalt und die Familie mit Geschick. Sie lebte in einem Land, in dem damals eine Frau weder stimmberechtigt war noch ein Bankkonto ohne Unterschrift ihres Mannes eröffnen konnte. Trotzdem arbeitete sie hart an ihrer eigenen psychischen Entwicklung und an ihrer Ehe. Ihr Briefwechsel mit Freud ist ein eindrückliches Testament ihres Willens, ihr eigenes Wachstum wie auch das ihrer Ehe zu unterstützen.[49]

Es war offensichtlich keine einfache Ehe, hatten doch die meisten von Jungs Analysandinnen eine starke Übertragung auf ihn. Er war mit anderen Worten für viele ein Liebesobjekt. Zahlreiche Analysandinnen sind in Filmen zu sehen, die gedreht wurden, als Jung schon ein alter Mann war. Sie stehen um ihn herum und himmeln ihn wie Meßdienerinnen an. Jungs Gegenübertragung war oft ebenso stark.

Die Tiefenpsychologie führt zu einer Partnerschaft, wie sie sonst kaum vorkommt. Die Erfahrungen, die ausgetauscht werden, schaffen untrennbare Verbindungen und eine ganz besondere Art der Liebe. Heutzutage wissen wir, daß es ein Mißbrauch ist, dieser Liebe nachzugeben. Als Jung seine Psychologie entwickelte, wußte man jedoch wenig über die Dynamik von Übertragung und Gegenübertragung. Es gab keinen ethischen Kodex, und meist erfuhr man durch Ausprobieren, was Erfolg hatte und was nicht.

Die wichtigste von Jungs Analysandinnen war Toni Wolff. Sie war, wie allgemein berichtet wurde, sehr schöpferisch und intuitiv und kam zu Jung, als sie in großer Not war. In der Zeit, in der er sich in seiner Krise der mittleren Jahre befand, hörte sie mit ihrer Analyse bei ihm auf, um ihn auf seiner inneren Reise begleiten zu können. Nachdem sie ihre analytische Arbeit mit ihm beendet hatte, spielte sie bald eine wesentliche Rolle in seiner analytischen Gruppe in Zürich und in seinem persönlichen Leben.

Ein Gruppenfoto, das an der Weimarer-Konferenz von 1911 gemacht wurde, zeigt Toni Wolff – elegant und intelligent –, die recht ärgerlich unter ihrem dunklen Kraushaar hervorschaut. Ihr introvertierter Ausdruck ist auffallend intensiv.[50] Im Gegensatz dazu sieht Emma Jung ruhig, schön und in sich gesammelt aus, wie sie auf den meisten Fotos erscheint. Sie zeigt keine Anzeichen der chaotischen Gefühle, unter denen sie in diesem Dreiecksverhältnis gelitten haben muß, das sie nicht zu zerstören wagte. Mit der Zeit kamen sie und Toni zu einer kreativen, wenn auch etwas unorthodoxen Vereinbarung über ihre Beziehung zu Jung. Es wird berichtet, daß sie einander respektierten und sogar gemeinsam mit Hilfe von C.A. Meier an ihren Träumen arbeiteten, um das, was jede von ihnen Jung zu geben hatte, nicht zunichte zu machen.[51]

Beide Frauen hatten ihre eigene Rolle und ihren eigenen Platz in Jungs Leben. Wenn er nach Bollingen ging, begleitete ihn oft Toni. Sie teilte mit ihm das, was er seine «zweite Persönlichkeit» nannte, die er so stark in der Zurückgezogenheit seines Turms erlebte. Das tägliche Leben zu Hause, die Familie und der grundlegende tägliche Lauf der Dinge waren Emmas Domäne. Daß sie nach Tonis Tod sagen konnte, sie werde ihr immer dankbar sein, Jung das gegeben zu haben, was sie selbst ihm nicht geben konnte, zeugt von ihrer Entwicklung.

Dies sind einige der Belastungen, unter denen Emma Jung während ihrer Ehe litt. Der Druck, mit einem Mann von Jungs Format und Ehrgeiz zu leben, muß eine große Wirkung auf ihren eigenen Individuationsprozeß gehabt haben. Trotzdem hatte sie mit fünfzig Jahren eine Analyse bei ihrem Mann gemacht – was gar nicht einfach war – und hatte schon bedeutende Forschungsarbeit auf einem ihrer eigenen leidenschaftlichen Interessengebiete, der Gralslegende, geleistet.

Emma war in ihren späten Fünfzigerjahren, als der Zweite Weltkrieg begann. Es wird wenig darüber berichtet, wie sehr sie unter diesem Krieg gelitten hat, doch muß der Konflikt auch für sie sehr schmerzlich gewesen sein. Auch sie war in Saanen von ihrem Heim und ihren Freunden isoliert. Auch sie hatte einen Sohn und Schwiegersöhne, die an der Grenze standen und auf eine mögliche Invasion ihres Landes durch die deutschen Truppen warteten. Doch sogar in den Bergen mußte sie dafür sorgen, daß ihr Haushalt problemlos funktionierte und Jung so gesund wie möglich blieb.

Während des größten Teils ihres Lebens brauchte sie ihre Energie dazu, Jungs Haushalt so zu führen, daß er sich auf seine Arbeit konzentrieren konnte. Nach ihrem Tode meißelte Jung einen Stein zu ihrem Andenken, auf den er in chinesischen Symbolen schrieb: «Sie war das Fundament meines Hauses.»[52]

In den Jahren, in denen sie dem Alter entgegenreifte, arbeitete sie aktiv als Analytikerin und Lehrerin und war auch an der Entwicklung des «Psychologischen Clubs Zürich» beteiligt. Später, nach der Gründung des Zürcher Instituts im Jahre 1948, war sie Mitglied des Kuratoriums, eine Aufgabe, die sie sehr ernst nahm und für die sie sehr viel Zeit einsetzte.

Neben all diesen Verantwortungen brachte sie es fertig, nach ihrem Tod eine bedeutende Sammlung von Werken zu hinterlassen: ihre Aufsätze, die unter dem Titel *Animus und Anima* veröffentlicht wurden, und die unvollendeten Unterlagen zur Gralslegende, die später von Marie-Louise von Franz zusammengestellt und herausgegeben wurden; wertvolle Quellen für Männer und Frauen, vor allem für die älteren von ihnen. Für diejenigen, die sich mit den Beschwernissen des Übergangs ins Alter beschäftigen, kann vor allem die psychologische Amplifikation des Kampfes von Parzifal in der Gralslegende eine große Hilfe sein. Auf unserer Suche nach der Ausgewogenheit unserer Mitte – symbolisiert durch den Gral – erkennen wir in seinen Prüfungen die Möglichkeiten, die wir durch unsere Unbewußtheit verpaßt haben.

Laurens van der Post sah in Toni Wolff eine außerordentlich intelligente Berner Aristokratin, eine starke Persönlichkeit, die vor Energie sprudelte, was sich in allem zeigte, was sie tat: in der Intensität, mit der sie rauchte, Auto fuhr und zuhörte, wie auch in ihrer Arbeit als Analytikerin und Schriftstellerin. Van der Post beschreibt sie als eine «Persönlichkeit, deren Denken und Intuition hochentwickelt waren», und als «Jungs engste Begleiterin und Führerin während der langen Jahre seiner entscheidenden Begegnung mit den blinden Kräften des kollektiven Unbewußten»[53]. Jungs Beziehung zu Toni dauerte von den Vorkriegsjahren des Ersten Weltkrieges bis zu ihrem Tod 1953 im Alter von fünfundsechzig Jahren.

Es scheint, daß Toni während des größten Teils ihres Erwachsenenalters die Projektion von Jungs Anima-Aspekt der «Hetäre» trug, den er durch sie besser verstehen konnte. In ihrem Aufsatz «Strukturformen der weiblichen Psyche» beschreibt sie ein vierfaches Modell der weiblichen Typologie: Mutter, Hetäre, Amazone und Mediale.[54] Die Hetäre erweckt das individuelle psychische Leben anderer, und diese Rolle – darin stimmen alle Berichte überein – spielte Toni Wolff in Jungs Leben. Jung sagte zu van der Post, daß er nach ihrem Tod ein chinesisches Zeichen in einen Stein meißeln wolle, das bedeute, sie sei der «Wohlgeruch» seines Hauses gewesen.[55] Als sie starb, war Jung achtundsiebzig und Emma einundsiebzig.

Viele Jahre lang war Toni als die «andere Frau» in Jungs Leben bekannt. Erst in den letzten Jahren wurde klarer, daß es ihr gelungen war, nicht nur Jung in seiner Arbeit zu unterstützen, sondern auch ihre eigene Arbeit zu leisten. Freunde und Kollegen schrieben über ihre Stärke und stellten sie als einen erstaunlich intelligenten und psychisch starken Menschen dar.[56] Viele ihrer schriftlichen Arbeiten hat C. A. Meier, der Analytiker, mit dem sie und Emma arbeiteten, aufbewahrt, «so daß ihre ausgezeichneten Leistungen sichergestellt [waren] und ihr psychologisches Wissen studiert und angewandt werden konnte»[57]. Gemäß Barbara Hannah hielt Jung sie für eine talentierte

Schriftstellerin und war enttäuscht, daß sie ihre Zeit mit Patienten und der Entwicklung des Psychologischen Clubs in Zürich statt mit Schreiben verbrachte.[58] Ihre Beziehung zu Jung muß eine große Belastung für sie gewesen sein, war sie doch gezwungen, den natürlichen Wunsch zu unterdrücken, von ihm eine Wahl zwischen seiner Frau und ihr zu fordern.

Emma und Toni verstanden, daß er sie beide brauchte und daß der Verlust der einen oder der andern seinem Leben und seiner Arbeit geschadet hätte. Emma hatte in ihrer Rolle wenigstens die Zustimmung der Gesellschaft, während Toni nur die Unterstützung derer fand, die von ihrem Entschluß, in diesem Dreiecksverhältnis zu bleiben, wußten und ihn verstanden. Selbstverständlich belastete diese Ungleichheit Toni psychisch und körperlich. Ihr eigener Übergang in die Jahre des Reifwerdens für das Alter wurde zum Übergang in den Tod, der im Jahre 1953 schnell und unerwartet kam: Sie sah noch einen Analysanden am Vortag ihres Todes.

Wie schon erwähnt, starb auch Jung beinahe an der Schwelle zum Alter. Ein Herzinfarkt löste Visionen einer mystischen Hochzeit aus, welche sein Zimmer so stark erstrahlen ließen, daß er um das Leben derer bangte, die es betraten. Mythen erzählen uns immer wieder, daß, wer das Leuchten der Götter erlebt, durch diese Erfahrung oft zu Asche verbrennt. Jung überlebte, doch schrieb er über seine Krankheit, daß er nicht viel länger leben werde: «Ich bin gezeichnet. Aber glücklicherweise ist das Leben provisorisch geworden. Es wurde zu einem vorübergehenden Präjudiz, zu einer Arbeitshypothese für den gegenwärtigen Augenblick, aber nicht die Existenz selber.»[59]

Jung war noch nicht ganz siebzig und lebte weitere fünfzehn Jahre. Viele seiner bedeutendsten Gedanken und Schriften entstanden in diesen späten Jahren – zum Beispiel *Aion, Mysterium Coniunctionis* und *Studien über alchemistische Vorstellungen.* Er hatte den Tod der zwei Frauen, die er am meisten geliebt hatte, überlebt; Emma starb zwei Jahre nach Toni, als Jung achtzig Jahre alt war. Auch wenn er sein Leben als provisorisch betrachtete, so lebte er es doch intensiv, und jene Jahre sind Zeugnis der Kreativität, die auf den Übergang ins Alter folgen kann. In *Träume, Erinnerungen, Gedanken* schrieb er über seine Krise der späten Übergangszeit und die *metanoia:*

«Nach der Krankheit begann eine fruchtbare Zeit der Arbeit für mich. Viele meiner Hauptwerke sind erst danach entstanden. Die Erkenntnis, oder die Anschauung vom Ende aller Dinge, gaben mir den Mut zu neuen Formulierungen. Ich versuchte nicht mehr, meine eigene Meinung durchzusetzen, sondern vertraute mich dem Strom der Gedanken an. So kam ein Problem nach dem anderen an mich heran und reifte zur Gestaltung.»[60]

Doch gewann er als Folge seiner Krankheit noch etwas anderes: «... ein Ja-sagen zum Sein – ein unbedingtes ‹Ja› zu dem, was ist.»[61] Er fühlte eine neue Bereitschaft, die Bedingungen des Lebens wie auch sich selbst, so wie er war, zu akzeptieren:

«Zu Beginn der Krankheit hatte ich das Gefühl, einen Irrtum in meiner Einstellung begangen zu haben und darum für den Unfall gewissermaßen selber verantwortlich zu sein. Aber wenn man den Individuationsweg geht, wenn man das Leben lebt, muß man auch den Irrtum in Kauf nehmen, sonst wäre das Leben nicht vollständig.»[62]

1946 schrieb er an einen amerikanischen Schriftsteller über Psychologie:

«Ich bin noch nicht so alt wie Sie, aber ich darf sagen, daß ich die großartige Wahrheit des Hsiao-yên-Zustands [Hsiao-yên: wörtlich «der kleine Mensch», der gewöhnliche Mensch] schon vor einiger Zeit erkannte. ... Nur der Hsiao-yên enthält den Chên-yên [der wahre oder perfekte Mensch].»[63]

Selbst mit dieser Offenbarung waren Jungs Prüfungen noch nicht vorüber. Im Herbst 1946 erlitt er einen weiteren Herzanfall, dieses Mal eine sehr schwere Embolie. Im darauffolgenden Dezember schrieb er Victor White, einem englischen Dominikanerpriester, mit dem ihn in den späten Jahren eine tiefe Freundschaft verband, von einem wunderbaren Traum:

«Hoch oben am Himmel ein bläulicher, diamantähnlicher Stern, der sich in einem runden, ruhigen Teich spiegelte – Himmel oben, Himmel unten. Die imago dei in der Dunkelheit der Erde, das bin ich. Der Traum brachte großen Trost. Ich bin nicht mehr ein schwarzes und endloses Meer von Elend und Leiden, sondern ein Teil davon in einem göttlichen Gefäß. ... Ich gestehe, vor einem langandauernden Leiden fürchte ich mich. Ich glaube, ich bin bereit zu sterben, obwohl es so aussieht, als ob immer noch mächtige Gedanken aufflackern, wie Blitze in einer Sommernacht. Doch sind es nicht mehr meine Gedanken, sie gehören Gott an, wie alles das wert ist, erwähnt zu werden.»[64]

Offensichtlich hatte sich die Ich-Selbst-Achse, die Beziehung zwischen dem «kleinen Mann» und dem «wahren Mann», auf bedeutende Weise verändert. Jungs schöpferische Gedanken, die «flackernden Blitze», kamen nicht vom Ich, sondern von einer tieferen Quelle der Weisheit.

Diese Weisheit zeigt sich im Buch *Aion,* das Jung im Dezember 1947 zu schreiben begann. Er beschreibt dessen Beginn wie folgt:

> «... [Ich] berichtete Ihnen, ich müsse unbedingt etwas schreiben, wisse jedoch nicht was. ... Ich sträubte mich, denn ich wünschte meinem Kopf Ruhe. ... Trotz allem fühlte ich einen Zwang, sozusagen blind mit Schreiben zu beginnen, ohne zu wissen, wohin es mich führen würde. Erst nachdem ich etwa 25 Folioseiten geschrieben hatte, begann es mir zu dämmern, daß Christus – nicht der Mensch, sondern das göttliche Wesen – mein geheimes Ziel war. Das war ein Schock, denn einer solchen Aufgabe fühlte ich mich keineswegs gewachsen.»[65]

Nach der Veröffentlichung von *Aion*[66] arbeitete und schrieb Jung weiter. Die Kreativität verfolgte ihn vielleicht nicht gerade im Galopp, doch hielt sie ihn immer in Bewegung. Obwohl er gezwungen war, seine Praxis einzuschränken, sah er auch weiterhin Patienten und pflegte seine Freundschaften persönlich und in Briefen. Auch beaufsichtigte er einen neuen Anbau an seinen Turm und war mit dem Behauen von Steinen beschäftigt.

Im Alter von fünfundsiebzig Jahren meißelte er den heute berühmten Stein von Bollingen[67], den Eckstein, den die Bauleute seines Turmes tatsächlich abgelehnt hatten. Auf die eine Seite des Steins meißelte er zwei Kreise, im inneren einen *kabir,* einen winzigen Homunculus mit einer Laterne in der Hand, und zwischen die beiden Kreise ritzte er eine griechische Inschrift, die übersetzt wie folgt lautet:

> «Die Zeit ist ein Kind – spielend wie ein Kind – ein Brettspiel spielend – das Königreich des Kindes. Dies ist Telesphoros,

der durch die dunklen Regionen dieses Kosmos wandert und wie ein Stern aus der Tiefe aufleuchtet. Er weist den Weg zu den Toren der Sonne und zum Land der Träume.»[68]

Auf die angrenzende Seite meißelte er einen alchemistischen Spruch:

«Ich bin eine Waise, allein; dennoch werde ich überall gefunden. – Ich bin Einer, aber mir selber entgegengesetzt. Ich bin Jüngling und Greis zugleich. Ich habe weder Vater noch Mutter gekannt, weil man mich wie einen Fisch aus der Tiefe herausnehmen muß. Oder weil ich wie ein weißer Stein vom Himmel falle. In Wäldern und Bergen streife ich umher, aber ich bin verborgen im innersten Menschen. Sterblich bin ich für jedermann, dennoch werde ich nicht berührt vom Wechsel der Zeiten.»[69]

In der Alchemie ist der verachtete und verworfene Stein der *Stein des Philosophen* – die «Waise» –, ein Symbol des Selbst und des inneren Goldes, in das wir das Grundmetall unseres sehr menschlichen *Hsiao-yên*-Lebens zu verwandeln suchen. In diesem Zusammenhang berichtet Marie-Louise von Franz in ihrer Biographie über Jung folgende bewegende Begebenheit:

«Noch vor ein paar Jahren sagte mir der Sohn eines Steinmetzen aus der Gegend: ‹Heute können die Maurer nicht mehr mit Natursteinen arbeiten – aber der alte Jung da unten am See, der wußte noch, wie man einen Stein richtig in die Hand nimmt.›»[70]

Jung nahm wohl viele rohe, unbehauene Steine in die Hand, große und kleine, reale und metaphorische.

Es wird berichtet, daß die Inuit über jedem Stein oder
Stoßzahn, den sie bearbeiten wollen, meditieren, bis sein
Wesen in ihren Geist und ihre Seele emporsteigt. Erst
dann nehmen sie das Werkzeug in die Hand. Alistair
MacDuff schreibt:

> «Der Eskimo-Steinmetz … nimmt sich Zeit bei der Wahl
> eines Steins, und handelt es sich zufällig um ein erstklassiges
> Stück, studiert er es sehr lange, manchmal mehrere Monate
> lang, und läßt seine Gedanken vollkommen herauskristalli-
> sieren, bevor er zum Werkzeug greift. … Aus früherer Erfah-
> rung mit einem bestimmten Gebiet oder einer gewissen
> Steinschichtung weiß er, was er von den dem polierten Stein
> innewohnenden Farben erwarten kann.»[71]

Auf ähnliche Weise arbeitete Jung mit seinen Patienten
und mit sich selbst, indem er die Farben der Persönlichkeit freisetzte. Er erhielt oft Hilfe von den beiden Frauen,
die ihm am nächsten standen, und die dies aus eigener
Wahl taten. Doch sie bezahlten das Ringen um ihre Beziehung zu Jung und zueinander – und die gleichzeitige Beschäftigung mit ihren Patienten und ihrer Arbeit – mit
schmerzlichen und verwirrenden Erfahrungen. Doch
gleichzeitig blieben sie sich selbst treu, und wir können
rückblickend sehen, daß beide Frauen ihre eigenen schöpferischen Zeichen hinterließen, ihren eigenen Stein bear-
beiteten. Es ist nicht so einfach, die *metanoia* ihrer späten
Übergangszeit zu bestimmen wie bei Jung, doch können
wir die Belastungen und ihr schöpferisches Werk erkennen.

Wir wissen, daß Jung in seinen Sechziger- und frühen
Siebzigerjahren tatsächlich tiefe Krisen durchmachte, und
daß diese körperlichen und psychischen Umwälzungen

ihm die Möglichkeit gaben, ihn vielleicht sogar zwangen, dem Selbst uneingeschränkten Ausdruck zu geben.

In seinen letzten Jahren akzeptierte er nach einer Periode des Zögerns – offensichtlich hatte er noch immer Mühe, sich als etwas mehr als nur einen *Hsiao-yên* zu sehen, der kaum wert ist, daß man sich an ihn erinnert – Aniela Jaffés Hilfe beim Schreiben seiner Autobiographie. Seine «Späten Gedanken» sind eine Goldgrube an Weisheiten der Älteren. Zum Beispiel:

> «Erst nach der Krankheit [1944] verstand ich, wie wichtig das Jasagen zum eigenen Schicksal ist. Denn auf diese Weise ist ein Ich da, das auch dann nicht versagt, wenn Unbegreifliches geschieht. Ein Ich, das aushält, das die Wahrheit erträgt und das der Welt und dem Schicksal gewachsen ist. Dann hat man mit einer Niederlage auch einen Sieg erlebt. Es wird nichts gestört – weder außen noch innen; denn die eigene Kontinuität hat dem Strom des Lebens und der Zeit standgehalten. Aber das kann nur geschehen, wenn man sich nicht vorwitzig in die Absichten des Schicksals einmischt.»[72]

Die Herausforderung durch Ereignisse, die wir nicht verstehen, kann an jeden von uns herantreten. Es ist zu hoffen, daß auch wir, vor allem in den Jahren, in denen wir uns zu «weisen Alten» entwickeln, zu einem Punkt gelangen, wo wir in unseren Niederlagen einen Sieg erleben. Uns selbst zu akzeptieren und unser Leben so zu nehmen, wie es ist, ist etwas, was wir alle gerne lernen möchten. Dies und die Entwicklung eines Ichs, das die Wahrheit ertragen kann und nicht das Schicksal ändern will, sind Ziele, die wir alle bei unserem Übergang ins reife Alter anstreben.

3. Übergänge

Wir sehnen uns nach Bedeutung und Wachstum in den Jahren, in denen wir uns zu «weisen Alten» entwickeln. Doch in einer Kultur der Schnellimbisse, der schnellen Autos und der schnellen Taten gibt es wenig Gelegenheit und Toleranz für den langsamen Reifeprozeß der späten Übergangsjahre. Statt daß wir graue Haare, langsamere Reaktionen und die innere Weisheit als Resultat der Lebenserfahrung bejahen, werden wir mit Anweisungen bombardiert, wie wir unser Alter verleugnen oder verbergen können. Täglich kommt Werbung ins Haus mit Ratschlägen wie «Altwerden ist nicht nötig», «Fünfzehn Ratschläge, wie man jung bleiben kann», «Der Alterungsprozeß kann aufgehalten werden!».

Wie können wir trotzdem lernen, diese wichtige Lebensphase auf positive Weise zu akzeptieren und zu nutzen? Gelingt es uns, wie Jung und seinen Schülern, uns durch Verlust, Krankheit und Depression hindurchzukämpfen und mit neuer Kraft daraus hervorzugehen? Können wir unseren eigenen persönlichen Weg durch die Initiation ins Alter finden?

Konfuzius soll gesagt haben, daß man erst nach sechzig weise genug sei, die alten Weisheitslehren zu studieren. Vor diesem Alter seien sogar die Weisesten zu unerfahren, um sie zu verstehen. Die Schamanen traditioneller Kulturen schienen der gleichen Meinung zu sein. Joan Halifax

61

berichtet, daß die meisten Medizinmänner sich erst in ihren späten Übergangsjahren als Schamanen betrachten. Sie behauptet, nie einen wirklichen Schamanen gekannt zu haben, der jünger als fünfundsechzig war, und weist auf den «archetypischen Humor» wie auch auf die Bescheidenheit und psychische Offenheit dieser Menschen hin.[73] Vor den späten Übergangsjahren bringt das harte Training oft so viel Schmerz und Leid, daß der Eingeweihte wenig Energie für das Alltagsleben hat. Dies ist der Pfad des Schamanen, ein Weg, der mit der Zeit zu einer Integration von Körper, Geist und Spiritualität führt, die das, was die meisten von uns in unseren «zivilisierten» Kulturen je erfahren haben, weit übertrifft.

Wir haben in unserer modernen Gesellschaft die Tendenz zu verneinen, daß das Leiden ein Weg zur Ganzheit sein kann. Wir leugnen auch das Alter. Und doch sind beides wichtige Lehrmeister, denn sie verleihen unserer Persönlichkeit eine elastische Stärke, so daß wir uns biegen, statt zu brechen, wenn das Leben uns auf die Probe stellt. Glauben wir den Medien, die für Produkte werben, die das Alter verdecken oder uns wieder jung machen, die Modediäten und hautverjüngende Mittel anpreisen, vergessen wir leicht die Bedeutung von Alter und Schmerz. In den Stammeskulturen holt man Rat bei den Alten. Sie sind die Weisen, die unter die Oberfläche sehen, da sie die Tiefen erlebt haben. Sie sind die Verwalter der kulturellen Traditionen, die Geschichten erzählen, die den Heilungsweg beschreiben, sie sind es, die als Führer dienen können, da sie selbst dort gewesen sind. Wir dagegen bemitleiden unsere Älteren, statt daß wir sie als Führer und Lehrer anerkennen.

Heutzutage glauben wenige, daß es so etwas wie einen weisen alten Mann oder eine weise alte Frau gibt. Wir halten sie für wichtige psychische Bilder, verbannen sie jedoch aus unserem Leben als Fantasie ohne äußere Entsprechung. Menschen in traditionellen Kulturen glaubten, daß die Monatsblutungen der älteren Frauen aufhören, weil sich das «weise Blut» in der Gebärmutter zurückstaut, um dort eine neue Lebensweise zu schaffen.[74] Heutzutage betrachtet man eine solche Idee als lächerlich und naiv. Nur wenige sehen deren psychischen Sinn: Weisheit entspringt einer älter werdenden Psyche, so wie Kinder von einem jüngeren Schoß geboren werden. Auf ähnliche Weise verunglimpfen wir das alchemistische Konzept des alten Mannes mit dem Wind im Bauch, der ein neues Wesen hervorbringt.

Wir lehren unsere Kinder, einen Gegenstand, der abgenützt oder kaputt ist, wegzuwerfen und zu ersetzen. Unsere Umgebung ist voll von den Abfällen einer solchen Philosophie. Können wir es zulassen, daß auch Menschen wie Verbrauchsware behandelt werden?

In unserer westlichen Gesellschaft wehren sich sogar die älteren Menschen gegen den Gedanken, daß das Alter einen Wert hat und Weisheit bedeutet. Männer kämpfen darum, die Einstellung eines Machos aufrechtzuerhalten, Frauen bemühen sich, jung auszusehen. In einer Kultur, deren höchster Wert in einer jugendlichen Persona – einem jungen Gesicht, einem jungen Körper, einem jugendlichen Stil – besteht, erscheinen diese Bemühungen als eine Notwendigkeit. Vielleicht bewahren sie uns vor der Inflation, vor der Gefahr, uns mit dem Archetyp des Weisen Alten oder der Weisen Alten zu identifizieren, doch verwehren sie uns auch den Zugang zur Weisheit, Kreativität und Kraft des natürlichen Alterungsvorgangs.

Vor langer Zeit nannte man eine gereifte alte Frau eine weise Alte. Sie wurde von ihren Mitmenschen verehrt, da sie zu heilen und die wahre Bedeutung von Ereignissen zu erkennen vermochte. Heutzutage, nach Jahrhunderten der Herabsetzung und Verfolgung, betrachtet man sie als Parodie, als Spaßfigur oder als alte Hexe, die Kinder mästet, um sie zu essen. Viele ältere Frauen sehen sich heutzutage selbst so. Nur die Jungen sind begehrenswert, glaubhaft, produktiv.

Barbara Walker weist darauf hin, daß es Frauen in unserer Gesellschaft nicht erlaubt ist, auf natürliche Weise ihren ganzen Lebenszyklus zu durchlaufen und älter zu werden. Statt dessen werden sie gezwungen, die Illusion zu schaffen, daß ihr Alterungsprozeß mit zwanzig oder dreißig aufhört. Sie macht auch die interessante Beobachtung, daß ältere Frauen unsichtbar gemacht werden, da andere sich weigern, sie wahrzunehmen. Man sieht sie zum Beispiel nur selten im Film oder im Fernsehen. «Frauen sind gesellschaftlich und beruflich behindert, wenn sie Falten oder graues Haar haben», schreibt sie. «Eine Multi-Billionen-Dollar-‹Schönheitsindustrie› nützt die wohlbegründete Angst der Frauen vor dem Alt-Aussehen aus.»[75]

Die körperliche Erscheinung nimmt für viele alternde Menschen in unserer Gesellschaft eine übertriebene Bedeutung an. Jedes Fältchen wird bemerkt, jeder Altersflecken, jedes winzige Zeichen des Zerfalls. Eine Frau nach den Wechseljahren ist zwar von den Belastungen der Menstruation befreit, scheut sich aber häufig, in den Spiegel zu schauen, denn die Person, die ihr entgegenblickt, kommt ihr oft wie eine Fremde vor. Hat sie das Gefühl, die gleiche Person zu sein wie früher, überrascht es sie, daß ihr Körper sich so verändert hat. Auch von Männern wird erwartet, daß nichts herunterhängt, daß sie ihre Haare und ihre Erektionen behalten.

Wir müssen tatsächlich mehr auf unser Gewicht, unsere Diät und unsere Fitneß achten, wenn wir älter werden. Es geschieht allzu leicht, daß wir dies vernachlässigen, wenn wir es nicht mehr für nötig halten, begehrenswerte Objekte zu sein. Betrachten wir eine schlechte Gesundheit und einen körperlichen Abbau als unvermeidbare Aspekte des Alterungsprozesses, kommen wir in Versuchung, uns körperlich und psychisch gehenzulassen und nicht mehr länger die Verantwortung für unser geistiges und körperliches Wohlbefinden zu übernehmen.

Genau dies tat Alice. Nach der Pensionierung lebte sie allein. Sie aß keine vollständigen Mahlzeiten mehr, da sie sich zu einsam fühlte, wenn sie allein aß. Meist zog sie sich nicht mehr an, da sie nirgends hinging und von niemandem besucht wurde. Je mehr sie ihre Erscheinung vernachlässigte, um so größere Mühe bereitete es ihr auszugehen, selbst um einzukaufen. Erst als eine Freundin einschritt und Alice ins Spital kam, begann sie sich zu erholen und die Verantwortung für ihre Gesundheit und ihr Leben zu übernehmen. Als sie sich an Programmen in einem Zentrum für Rentner beteiligte, wo sie neue Freundschaften schloß, begann sie sich wieder mit ihrer Erscheinung zu befassen und ihr Haar und ihre Kleider zu pflegen.

Auch wenn man Sorge zu sich trägt, können die körperlichen Veränderungen, die sich mit dem Alter einstellen, ein Schock sein. Dee, eine höchst erfolgreiche und intelligente neunundfünfzigjährige Frau in höherer Stellung, erzählte, wie entsetzt sie war, als sie sich auf einem Video sah, das von ihr gemacht wurde, als sie es nicht bemerkte. Sie erschrak, als sie sich als Parodie ihres früheren Selbst wiedererkannte. «Ich sah alt aus», sagte sie ablehnend. «Alt, dumm und idiotisch.»

Die Auffassung, daß ältere Leute dumm und schwachsinnig aussehen, ist heutzutage weit verbreitet. Es ist keine bewußte Einstellung, sie rührt von einer starken, unbewußten kollektiven Konstellation her, die sich unser in unbeachteten Momenten bemächtigt. Der Schatten, wie Jung diese unerwünschten Züge, die wir unterdrücken und in uns verschließen, nannte, vereinigt sich mit andern unbewußten Teilen, die wir noch nicht bewußt integriert haben (zum Beispiel einem rechthaberischen Animus oder einer launischen Anima). Dies führt zu ganz bestimmten Haltungen und Vorurteilen.

Oft projizieren wir unsere eigenen unbeliebten Eigenschaften auf andere. Sind wir alt, halten wir vielleicht die Jungen für gedankenlose, promiskuitive, drogenabhängige Menschen, die am Rande der Gesellschaft leben, und bemerken nicht, daß wir Eigenschaften wie Sorglosigkeit und Rebellion nach außen projizieren, statt sie in unserer eigenen Psyche anzuerkennen. Wir entwickeln manchmal eine starke Abneigung gegen solche Züge in jungen Menschen. «Dies wäre zu *meiner* Zeit nie vorgekommen!» Oder wir sind deprimiert und schlecht gelaunt. «Wenn ich mir die jungen Menschen von heute so ansehe, wie unverantwortlich sie sind, dann fühle ich mich ganz hoffnungslos.» Auf der anderen Seite halten uns die Jungen vielleicht für schwerfällige, konservative Menschen, die sich nicht ändern wollen, und sind sich nicht bewußt, daß sie selbst solche Züge in sich tragen.

Als reife Menschen vermögen wir uns vielleicht von den Projektionen anderer, die die Jugend preisen und das Alter verschmähen, zu unterscheiden. Greifen uns jedoch solche Stimmen und Einstellungen von innen an, kann das Bild, das wir von uns selbst erhalten, so verzerrt und verdreht sein wie die Worte, die auf uns angewendet werden: Hexe, altes Weib, Tantchen, Tattergreis, alter Furz. Im Angesicht solch innerer Angriffe gelingt es nur wenigen von uns, an Kreativität oder psychische Wiedergeburt zu glauben. Statt dessen bemühen wir uns, jedes Zeichen des Alters «abzutreiben». Manchmal scheint uns sogar der Tod wünschenswerter als das Alter.

Diese selbsterniedrigenden Einstellungen halten uns gefangen, während gleichzeitig die durchschnittliche Lebensdauer immer größer wird. Daniel Callahan sagt uns voraus, daß im Jahre 2050 die durchschnittliche Lebenserwartung der amerikanischen Frauen 83,6 Jahre und die der Männer 79,8 sein wird und daß sie in 65 Jahren bei der Geburt leicht 100 betragen könnte.[76] Wenn das wahr ist, wird sich die Lebensphase des Reifwerdens für das Alter voraussichtlich auch verlängern. Ist es deshalb nicht von größter Wichtigkeit, daß wir einige Richtlinien entwickeln, die den Menschen dabei helfen, den Übergang ins Alter so reichhaltig wie möglich zu gestalten, statt ihn als Zeit des Aufgebens zu betrachten? Wie können wir ein realistischeres Bild von uns selbst gestalten, eines, das uns zeigt, daß wir im Alter von fünfzig, sechzig oder siebzig Jahren noch einen Wert haben, für uns selbst und als Mitglied der Gesellschaft?

Auf der Suche nach Einsichten über diese Lebenszeit bin ich auf Gerontologiestudien wie auch auf die Jungsche Psychologie gestoßen. Meine Erfahrungen mit Träumen, Sandspiel, Mythologie und der Analyse älterer Menschen hat mir einige Richtlinien für meine Arbeit als Analytikerin gegeben. Über die Bedeutung der Zeit, in der wir dem Alter entgegenreifen, kann man noch viel spekulieren, und es gibt noch viel zu entdecken. Ich hoffe, daß andere ebenfalls beginnen, dieses Gebiet durchzuackern.

Die Phase des Übergangs ins Alter bringt Veränderungen im Körper und in den äußeren Verhältnissen, die einen neuen Beginn anzeigen. Wollen wir die Welt auf neue und schöpferische Art erfahren, müssen wir die Aufgaben und Herausforderungen, die diese Änderungen mit sich bringen, akzeptieren. Die Anzeichen dieses Neubeginns sind erkennbar, und sie sind äußerer und innerer Art.

Zu gewissen Zeiten mögen wir kindisch erscheinen, denn wir kehren oft zurück zu früheren Verhaltensmustern, bevor wir einen bedeutenden Sprung nach vorne tun. Dies kann leicht für pathologisch gehalten werden, wenn es nicht im richtigen Zusammenhang gesehen wird. Viele Menschen in dieser Lebensphase befürchten, an einem frühen senilen Schwachsinn zu leiden. Sie sind vergeßlich, desorientiert, deprimiert und körperlich krank. Sie finden ihre Hausschlüssel nicht, sie vergessen wichtige Verabredungen, sie gehen in ein anderes Zimmer, um etwas zu holen, und vergessen, was es ist. Auch die ihnen vertraute Umwelt scheint sich ganz allmählich zu verändern. Sie erkennen sich selbst nicht mehr richtig. Manchmal fühlen sie sich wie die alte Frau im englischen Volkslied, die am Straßenrand aufwacht und bemerkt, daß ein Vagabund ihr die Unterröcke an den Knien abgeschnitten hat. «Gnädiger Gott, das bin nicht ich!» rief sie ein Mal übers andere aus. Sogar ihr alter Hund erkannte sie nicht mehr und versuchte, sie aus dem Garten zu jagen, als sie nach Hause kam.

In der Übergangszeit befinden wir uns in einem «Vorraum» zwischen zwei verschiedenen Arten des Seins, und unsere bewußte Energie verschwindet leicht im Unterbewußten und ist uns im alltäglichen Leben nicht länger zugänglich. Es ist, als ob wir auf der Straße ins Alter eingeschlafen wären. Wir fühlen uns, als ob wir plötzlich Teile von uns selbst verloren hätten. Unsere Persona – die Art, wie wir uns in der Öffentlichkeit geben – kann beschädigt sein. Dann erkennen uns nicht einmal mehr unsere Instinkte (der Hund). Wir fühlen uns krank und wundern uns, was aus uns geworden ist. «Ich weiß nicht mehr, wer ich bin!» klagte eine Frau in der Analyse. – Sich mit dem Verlust seiner alten Identität abzufinden, während man auf die Entwicklung der neuen wartet, ist eine schwierige Aufgabe.

Ältere Menschen erleben sich oft als unsichtbar, wenn sie die alte Persona verlieren. Eine ältere Frau sagte zu Florida Scott-Maxwell, sie sei überzeugt, daß sie praktisch unbemerkt irgendein Haus betreten und wieder verlassen könne.[77] Bei einem jüngeren Menschen könnte man dieses Gefühl, nicht gesehen oder bemerkt zu werden, für pathologisch halten. Bei einem älteren Menschen ist es oft eine Reaktion darauf, wie sich andere ihm gegenüber verhalten. Zudem haben ältere Menschen manchmal das Gefühl, sich im Grenzgebiet zwischen dem Bewußten und dem Unbewußten, zwischen dem, was war, und dem, was kommt, zwischen der Erntezeit und dem Winter des Lebens, verloren zu haben.

«Anamnese» ist das Wieder-Erinnern an die Ereignisse des Lebens, an Familie und Freunde, an wichtige Zeiten und Orte. Man ordnet sie und gibt ihnen eine neue Bedeutung. Ein solches Erinnern scheint es uns leichter zu machen, in diesem Grenzgebiet zu leben. Ich habe die Erfahrung gemacht, daß der Körper viele Erinnerungen in seinen Zellen trägt, und daß die Arbeit mit dem Körper, zum Beispiel von einem geübten Fachmann ausgeführte Massage, aber auch Imaginationsarbeit in der Analyse deren Freisetzung zu erleichtern vermag. Man kann sich entweder bewußt in den Körper vertiefen und sich mit der alten «Materie» auseinandersetzen, oder man kann unbewußt hineingeraten. Es ist fast nicht zu verhindern, daß man auf irgendeine Weise ins Unbewußte gehen muß, damit die Wandlung möglich ist. Dies ist ein Teil jeder Initiation. Ich stimme mit Jung überein, der sagte, «daß einer, der die Bestimmung hat, in einen tiefen Schacht hinunterzusteigen, besser daran tut, mit allen Vorsichtsmaßnahmen an dieses Unterfangen heranzugehen, als daß er es darauf ankommen läßt, rücklings in das Loch hinunterzufallen.»[78]

Oft erleben wir einen solchen Abstieg als Verlust des Schwungs in unserem äußeren Leben. Es ist, als ob uns die Energie, die uns vorher für die Anforderungen unseres täglichen Lebens zur Verfügung stand, plötzlich entzogen und in einem Entwicklungsfonds im Unbewußten angelegt wird. Das ist selten eine bewußte Entscheidung. Normalerweise sagen wir nicht: «Nun verschiebe ich meine

Energie ins Unbewußte» oder «Ich habe mich entschlossen, mich der Individuation zu widmen». Es geschieht irgend etwas, über das wir keine Kontrolle haben, und wir befinden uns plötzlich in einem Zustand des Überdrusses. Die einfachsten Aufgaben erscheinen uns riesengroß. Das kann einen Tag oder auch viel länger dauern. In gewissen Fällen spürt man den Mangel an Energie während Monaten oder sogar Jahren, während die Arbeit im Unbewußten weitergeht.

Diese Arbeit ist offensichtlich nicht nur mental. Unser ganzes Wesen ist dabei beteiligt – Körper, Geist und Spiritualität –, manchmal auf schmerzliche und sogar lebensbedrohende Weise. Die Somatisierung (das Übersetzen von psychischen Inhalten in körperliche Symptome) kann eine besonders wichtige Rolle im Veränderungsvorgang spielen, wie dies in Jungs später Übergangszeit der Fall war. Die Werke, die er in seinen Siebziger- und Achtzigerjahren schrieb, wären vielleicht nicht zustande gekommen ohne die Erfahrungen, die er nach seinem Herzanfall hatte. Es erleichtert den Wandlungsprozeß, wenn man in den somatischen Symptomen die Symbole der Initiation erkennt.

Zu gewissen Zeiten muß man seine ganze moralische Kraft zu Hilfe nehmen, um durchzuhalten und weiterzuleben, wenn eine schwächende Krankheit nach der andern unseren Körper angreift. Oft haben sie einen organischen Hintergrund und müssen als körperliche Erkrankung akzeptiert werden. Vielleicht leiden wir emotional an einem gebrochenen Herzen. Manifestiert sich dies in einem Herzanfall, kann eine Behandlung der Psyche allein kaum helfen. Somatische Symptome haben eine physische Wirklichkeit und verlangen oft physische Heilmittel. Uns mit Krankheiten auseinanderzusetzen kann zu unseren Aufgaben der späten Übergangszeit gehören. Im Alter werden die Abwehrkräfte des Immunsystems oft schwächer. Die Fähigkeit des Hypothalamus, zwischen körpereigenen Zellen und andern zu unterscheiden, nimmt ab. Wenn zur körperlichen Schwäche noch eine solche Unfähigkeit kommt, zwischen Zellen zu unterscheiden, die «ich» sind, und denen, die «nicht ich» sind, verfangen wir uns leicht im Unbewußten, und dort wird es immer schwieriger, die Grenzen zwischen dem, was zu uns, und dem, was zu andern gehört, zu erkennen. Es ist, als ob unsere Persönlichkeit sich in der Masse auflösen würde.

Wenn Somatisierungen unser Leben mitbestimmen, ist es schwierig, ein sicheres Gefühl für uns selbst aufrechtzuerhalten. Bildlich gesprochen kochen wir im Topf oder werden im Feuer geschmiedet oder sind in der Tiefe einer Höhle oder des Meeres und suchen den Schatz – alles bekannte Traummotive. Vielleicht werden wir durch Schmerzen oder ernstere Symptome an unsere körperliche Existenz erinnert. Wir lassen uns leicht dazu verführen, diese nur negativ zu sehen, doch ist es auch wichtig zu erkennen, daß wir durch sie in unserem eigenen Körper und in unserem Leben verankert bleiben, während wir gleichzeitig einen psychischen Auflösungsprozeß durchleben.

In diesem Zusammenhang versuchen wir oft, uns an alte Gewohnheiten zu klammern, die sich in saturnische Härte verwandeln und in Form von Verdrießlichkeit und steifen Gelenken zum Ausdruck kommen. Erkennen wir sie als Abwehrreaktion gegen Veränderungen, dann besteht unsere Aufgabe darin, loszulassen, zu akzeptieren und die langsame und oft schmerzliche Wandlung unseres Körpers, unserer bewußten Einstellung und unserer Seele zuzulassen. Oft heißt dies, die heroische Haltung aufzugeben, die wir in unserem frühen Leben mit so großer Mühe entwickelt haben, da sie entweder ihre Bedeutung verloren hat oder uns vorübergehend abhanden gekommen ist. Auch sie muß sich ändern.

Wenn wir die Verluste der Reifezeit ins Alter akzeptieren, kann es geschehen, daß wir uns mehr und mehr eines *abaissement du niveau mental* der späten Übergangszeit bewußt werden, eines Absinkens des Bewußtseins auf einen Punkt, an dem das Ich von Kräften besessen scheint, über die selbst die stärkste und reifste Persönlichkeit wenig Macht hat.

Jung schreibt dazu:

«Es handelt sich um ein Nachlassen der Bewußtseinsspannung, vergleichbar einem niederen Barometerstand, der schlechtes Wetter verkündet. Der Tonus hat nachgegeben, was auch subjektiv empfunden wird als Schwere, Unlust und Trübsinn. Man hat die ‹Lust› verloren, und keinen Mut, sich an den Tag und sein Werk heranzuwagen. Man fühlt sich selber wie Blei, weil nichts sich bewegen will. Das rührt daher, daß man keine disponible Energie mehr besitzt.»[79]

Claire, die sich kurz zuvor von einer bedeutungsvollen und erfolgreichen Karriere zurückgezogen hatte, war verzweifelt: «Ich habe wirklich keinen Grund mehr, morgens aufzustehen. Ich versuche, mich am Leben zu beteiligen, mich mit all den Plänen zu beschäftigen, die ich für die Pensionierung machte. Doch dann rebelliert mein Körper, und plötzlich bin ich wieder im Bett und fühle mich miserabel, krank und wie verrückt.»

Während ihrer Analyse hatte Claire eine lebensgefährliche Krankheit erlitten, auf die der Tod ihrer Mutter folgte, mit der sie noch immer eine symbiotische Verbindung hatte. Diese Ereignisse sowie ihre Pensionierung führten zu einer tiefen Depression. Ihr Ehemann machte eine ähnliche Krise durch und war unfähig, ihr die Unterstützung zu geben, nach der sie hungerte. Claire fühlte sich verlassen, ohne Hoffnung und unerträglich einsam. Das *abaissement,* das sie erlebte, hatte alle Anzeichen einer Regression und eines Abstiegs.

Kurz nach Beginn der Analyse mußte sie wieder ins Spital. Danach verbrachte sie recht lange Zeit damit, von einem Arzt zum andern zu gehen und nach einer Heilung zu suchen. Es gelang ihr zwar, sich selbst und ihr Haus bis zu einem gewissen Grad in Ordnung zu halten, doch konnte nichts die Angst, die sie im tiefsten Grund ihres Wesens fühlte, vertreiben. Verwirrt stellte sie fest, daß das, was sie für eine lange Zeit der Trauer über den Tod ihrer Mutter hielt, immer stärker wurde. Sie träumte, daß sie hinfiel und nicht wieder aufstehen konnte oder daß sie an einem leeren Tisch saß und auf das Essen wartete, das nie kam. Oft war sie ihrer Krankheit wegen handlungsunfähig, doch schaffte sie es immer, zur Analyse zu kommen.

Wenn ich ihr zuhörte, fühlte ich mich oft überschwemmt, kämpfte in unseren Stunden mit dem Schlaf und wurde durch einen gewaltigen Sog nach unten ins Unbewußte gezogen. Zuerst sagte ich mir, der Grund dafür seien die späten Nachmittagsstunden, meine Identifikation mit einigen ihrer körperlichen Symptome oder mein eigener Schlafmangel. Doch es nützte nichts, daß ich starken Kaffee trank, die Stunden auf früher verschob oder mich heimlich kneifte. Wir sanken zusammen in die Tiefe.

Dann bemerkte ich eines Tages, daß ich auf eigenartige und neue Weise auf sie reagierte. Ich formte meine Arme ganz spontan so, als ob ich ein Baby hielt und wiegte. Als ich dieses Bild während der folgenden Analysestunden in meiner Vorstellung behielt, bemerkte ich, daß sich meine Brüste manchmal richtig prall anfühlten. Gleichzeitig empfand ich tiefe Bewunderung und Liebe für den Mut, den Claire brauchte, jeden Morgen aufzustehen. Ich begann, mich auf ihre Besuche zu freuen und mich um jedes kleine Ereignis in ihrem Leben zu kümmern: um jeden Besuch beim Arzt, um jeden Austausch zwischen ihr und ihrem Mann, um jede Erinnerung an ihre Mutter. Ihre Träume wurden lebhafter – oder meine Wahrnehmung vertiefte sich.

In dieser positiven Mutter-Kind-Beziehung zeigten mein Fühlen und Handeln die Aufgaben der guten Mutter (Gegenübertragung) als Reaktion auf die Art und Weise, wie Claire mich sah und behandelte (Übertragung). Allmählich wurde mir bewußt, daß wir nun an sehr frühen Entwicklungsstufen der Kindheit arbeiteten. Ich wurde für sie zu einem Gefäß, in dem sie sich selbst und ihr Leben von der Zeit an, bevor sie sprechen konnte, neu bearbeitete. Zuerst war es schwierig zu akzeptieren, daß Claire als sechzigjährige Frau, die viele Hindernisse überwunden hatte, um eine Karriere, ein Heim und ein ziemlich stabiles Ich zu schaffen, sich gleichzeitig als einen Säugling erlebte, der in der Imagination gehalten und gespiegelt werden mußte.

Wieso war eine solche Regression im Alter von sechzig Jahren nötig, und was hatte sie mit der Entwicklung im späten Leben zu tun? Was bedeutete es, daß ich mich ihr gegenüber verhielt, als ob sie ein Kleinkind wäre? Um darin einen Sinn zu sehen, las ich nochmals Jungs Schriften über das Kind.

Er schrieb über die Verbindung zwischen dem Kleinkind in der vorsprachlichen Phase und dem «Kind» der zukünftigen Persönlichkeit in «Zur Psychologie des Kindarchetypus»[80]. Beim Lesen wurde mir plötzlich etwas klar. Ich verstand, daß das neue «Kind» eines fruchtbaren Alters nur dann entstehen kann, wenn wir dem verletzten Kleinkind unserer Vergangenheit Aufmerksamkeit schenken. Auch erkannte ich während meiner Stunden mit Claire aus der eigenen Erfahrung, wie wichtig die Arbeiten der Theoretiker der frühen Kindheitsentwicklung (zum Beispiel Klein, Guntrip und Winnicott, Gründer der Objektbeziehungstheorie) für den Analytiker sind, der mit älteren Menschen arbeitet. Bei diesen geht nämlich oft die Beziehung zur persönlichen oder archetypischen Mutter zusammen mit einem Teil der Persönlichkeit irgendwie verloren.

Es scheint mir, daß wir alle, wenn wir dem Alter entgegenreifen, aufgefordert werden, die Frage zu beantworten: Wer ist das Kind unserer zukünftigen Entwicklung, das wir früher im Leben verloren, verlassen oder nie gekannt haben?

Elaine, eine Schriftstellerin in ihren späten Sechzigerjahren, brachte mir eine Geschichte, die sie kurz nach der

Collegezeit geschrieben hatte. In dieser war die «Andere», der andere Teil ihrer selbst, im Estrich eingeschlossen. Durch einen Spalt in der Wand konnte ihr eingesperrtes Selbst sehen, wie die äußere Figur, die sie geworden war, durch alle Phasen ihres Lebens ging, «während das wahre Ich hinter Schloß und Riegel saß»! In der Analyse begann Elaine, ihre mystische Seite, die sie seit frühester Kindheit im wahrsten Sinne des Wortes eingesperrt hatte, zu befreien und anzuerkennen.

Dieser Teil ihrer Persönlichkeit, der in ihrer pragmatischen Umgebung abgewiesen worden war, hatte während des größeren Teils ihres Lebens im Unbewußten gelebt, ähnlich den Einsiedlerinnen, die zurückgezogen in Hütten im Zentrum der mittelalterlichen Dörfer lebten und das Treiben zwar beobachteten, jedoch Schweigen bewahrten. Elaine begann über Einsiedlerinnen zu lesen, die das Spiel der Kinder und die Gemeindeangelegenheiten beaufsichtigten, auch wenn sie im Gebet vertieft waren. Langsam begann sie, ihre eigene starke spirituelle Seite zu akzeptieren und erkannte, daß sie diese nicht zu unterdrücken brauchte, um einen Konflikt mit der praktischen Seite des Lebens zu vermeiden.

Viele von uns haben das Gefühl, auf ihrer Lebensreise etwas von sich selbst zurückzulassen. Vielleicht ist dies mit ein Grund, weswegen wir uns an der Schwelle zum Alter so sehr von der äußeren Gesellschaft abgeschnitten und unsichtbar fühlen. Könnte es sein, daß wir uns von unserer eigenen Echtheit entfernt haben?

Selbst Menschen, die ein sehr starkes Ich haben, befinden sich oft in einem Zustand der Verwirrung und fühlen, wie die Furcht vor Senilität und Alzheimer im Schatten lauert. Verlorene Teile unser selbst ziehen uns von neuem in unseren Körper, unsere Seele und ins Unbewußte zurück, oft tiefer hinein, als wir je gewesen sind. Ein treffendes Bild eines solchen Abstiegs ist der Lebensbaum mit den Altersringen, denen wir spiralig ins Innere folgen, um zu unserer Mitte zu gelangen. Je älter wir sind, desto mehr Ringe enthält die Spirale. Andere wieder sprechen von einer Auflösung; sie haben das Gefühl, daß der Zustand des Ichs nicht länger fest ist. «Ich fühle mich wie Sülze», berichtete eine Analysandin, «alles wackelt und schmilzt».

Solche Erfahrungen können uns auf eine Spaltung des Ichs hinweisen. Während das stumme, dunkle, formlose Chaos der vorsprachlichen archetypischen Tiefen eine tiefe Regression unseres vertrauten Selbstgefühls (des Ichs) bewirkt – was wir als schwächende Depression erleben –, fährt das funktionsfähige Ich, das wir während des ganzen Lebens entwickelt haben, mit dem alltäglichen Leben fort. Das geht nicht ohne Schwierigkeiten, doch ist es möglich, vor allem im späteren Leben.

Die Aufgabe der Individuation des späten Lebens ist anders, als wir erwarten. Sie gleicht einerseits derjenigen der mittleren Jahre, unterscheidet sich aber gleichzeitig deutlich davon. Alle Menschen machen diesen Prozeß durch, doch auf ganz individuelle Art. Es ist Seelenarbeit, körperliche Arbeit, komplexe Arbeit. Es ist Kinder- und Erwachsenenarbeit. Wer außer uns selbst kann uns sagen, wie wir unser wahres Wesen finden können? Und wer kann uns sagen, wie wir ins Alter reifen sollen?

Moderne Männer und Frauen haben wenige Vorbilder für das Altern. Ohne einen Kameraden kann die Reise durch die Tiefen der späten Übergangsjahre dunkel, einsam und furchterregend sein. Kein Wunder, daß viele umkehren, selbst wenn die Alternative Verhärtung, Schmerz und Rückzug bedeutet in das, was D. W. Winnicott das «falsche Selbst»[81] nennt. Wenn es jedoch unsere Berufung ist, haben wir keine Wahl, als in das Miasma der Übergangzeit ins Alter hinein- und hindurchzugehen. Wenn wir ausharren, treten wir nach einer gewissen Zeit mit einer neuen Vision unserer Zukunft hervor. Wir erleben vielleicht sogar das, was Jung die transzendente Funktion nannte, die die Gegensätze innerhalb der Psyche überbrückt.

Elaine zum Beispiel schrieb vernünftige und wissenschaftliche Arbeiten für intellektuelle Zeitschriften. Sie lebte kaum ihre spirituelle Seite, bis ihre Träume und ihre Sehnsucht sie auf die erwähnte aufschlußreiche Geschichte hinwiesen, die sie in ihrer Jugend geschrieben hatte. Als sie sie wiederfand und ihre Botschaft verstand, war es ihr, als ob sie ein Stück ihrer selbst wiedergefunden hätte, das sich sehr von ihrer Ich-Persönlichkeit unterschied. Sie wurde im richtigen Moment an ihre vergessene Geschichte erinnert. Etwas jenseits des Intellekts und der Intuition verband sie Gegensätze auf eine Art, die ihr Leben bereicherte. Dieses Etwas schien ein Beispiel von dem zu sein, was Jung wie folgt beschrieb:

«Die Tendenz des Unbewußten und die des Bewußtseins sind nämlich jene zwei Faktoren, welche die transzendente Funktion zusammensetzen. Sie heißt transzendent, weil sie den Übergang von einer Einstellung in eine andere organisch ermöglicht ...»[82]

Wenn wir zur *metanoia* aufgefordert werden, werden wir zur Kreativität und zu einem neuen Bewußtsein aufgerufen. Eine äußerst aufregende und anspruchsvolle Aufgabe liegt dieser Übergangszeit ins Alter zugrunde und durchdringt sie: Wir entwerfen ein neues Bild von uns; wir reisen über unsere gegenwärtigen Grenzen hinaus, um den Funken eines neuen Bewußtseins willkommen zu heißen, das langsam aus unserer tiefsten Dunkelheit emporsteigt. Die meisten von uns wissen noch nicht, was solche Erfahrungen des Reifwerdens für das Alter mit sich bringen.

Was bedeutet es, eine weise Alte oder ein weiser Alter zu sein? Wie überschreiten wir diese Schwelle in eine neue Lebensphase? Wer kann uns Antworten auf diese Frage geben?

Die Wahrheit ist natürlich, daß die Antworten von Innen kommen müssen, aus unseren eigenen Träumen und Erfahrungen, aus unserem Körper und den Geheimnissen, die er birgt. Wir können aber auch von den Aussagen von Menschen lernen, die das Älterwerden auf andere Art erforscht haben. Das ist das Thema des nächsten Kapitels. So können wir uns besser kennenlernen und ein Gefühl dafür entwickeln, was uns bei der Desintegration, die der *metanoia* vorangeht, wie auch bei der Reintegration, die ihr folgt, erwartet.

4. Andere Stimmen

In der Vergangenheit folgte das Leben in der westlichen Gesellschaft gewöhnlich festgelegten Mustern. Der durchschnittliche Arbeiter trat mit ungefähr fünfundsechzig in den Ruhestand. Zu dieser Zeit waren die Kinder erwachsen und die Enkelkinder in Ausbildung oder berufstätig. Oft zogen die Rentner zu Familienmitgliedern, die bei gesundheitlichen oder finanziellen Problemen für sie sorgten. In den letzten Jahren ist jedoch immer deutlicher geworden, daß dieses Modell nicht mehr den Bedürfnissen der gegenwärtigen älteren Generation entspricht, von der die Mehrzahl in ihren Sechziger- und sogar Siebzigerjahren noch immer vital und unabhängig ist. – Wieso fühlen sich dann so viele von uns schuldig, wenn sie nicht nach einem solch altmodischen Paradigma leben können?

Viele sprechen über das Alter, wenige jedoch über die Jahre davor. Ein guter Teil dessen, was Gerontologen und Psychologen über die wirklich alten Menschen sagen, trifft auch auf die Jahre zu, in denen wir dem Alter entgegenreifen. Diese Fachleute vermitteln uns sehr hilfreiche Einsichten über die Lebensphasen im allgemeinen. Die Stimmen, die direkt von den Übergangsjahren zwischen fünfzig und siebzig sprechen, gehören jedoch meist Schriftstellern und Analysanden. Ihre Geschichten und Mythen können unsere Einstellungen dem Alter gegenüber auf einer unbewußten Ebene der Psyche beeinflussen, was zeitweise von höchster Bedeutung ist.[83] Wir brauchen Stimmen, die zu unserer Seele sprechen, vielleicht noch mehr als solche, die sich an unseren Intellekt wenden. Das Schöne an den Mythen, Geschichten und Träumen ist, daß sie in den unbewußten Komplexen widerhallen, die unsere bewußten Einstellungen beeinflussen. Wir werden später einige dieser Visionen untersuchen.

Zuerst jedoch wollen wir einige Theorien über das Altwerden betrachten. Drei davon scheinen mir besonders geeignet für die Zeit an der Schwelle zum Alter: die Entwicklungs-(developmental), die Aktivitäts-(activity) und die Loslösungs-(disengagement)Theorie.

Die Entwicklungstheorie sieht das Leben als eine Folge von Phasen, die mit der Geburt beginnen. Ihr zufolge findet jedesmal, wenn wir in eine neue Lebensphase treten, eine deutliche Veränderung statt, und jede Phase gibt uns ihre eigenen Entwicklungsaufgaben. Die Aktivitätstheorie rät uns, aktiv zu bleiben und unsere gewohnte Lebensweise so lange wie möglich aufrechtzuerhalten. Die Loslösungstheorie andererseits glaubt, daß das Langsamerwerden des Alters fast eine Erlösung ist, denn sie erlaubt uns, uns etwas aus dem äußeren Leben zurückzuziehen, damit wir mehr Zeit haben, um uns nach Innen zu wenden. Jede dieser Theorien hat der Jungschen Betrachtungsweise des Alters etwas zu bieten.

In *Kindheit und Gesellschaft* beschreibt Erik Erikson, ein bekannter Entwicklungstheoretiker, acht grundlegende Stufen der menschlichen Entwicklung. Die ersten sechs beziehen sich auf die Kindheit und das frühe Erwachsenenleben, was den Anschein erweckt, daß diese Theorie auf die späten Übergangsjahre nicht anwendbar sei. Betrachten wir jedoch jede Stufe, die er beschreibt, als Träger eines bestimmten Potentials für den Menschen, der dem Alter entgegenreift, dann können wir das ganze Modell auch auf die Jahre anwenden, in denen wir uns zu «weisen Alten» entwickeln. Wenn wir das Kind, von dem er spricht, als etwas betrachten, das sich innerhalb der Psyche des älteren erwachsenen Menschen entwickelt, statt es als ein wirkliches Kind zu sehen, lernen wir sehr viel über die Phasen, die wir in den späten Jahren durchmachen.

Die erste Stufe nennt Erikson *Ur-Vertrauen versus Ur-Mißtrauen*. Ein Kleinkind muß das Mißtrauen überwinden, um ein grundlegendes Vertrauen zu gewinnen, das seinem Leben Ansporn und Hoffnung gibt. Der erste Schritt in die Zukunft des Alters ist das Vertrauen, daß wir – was auch geschieht – irgendwie mit dem Alter fertigwerden, daß es uns stählt, daß wir einen Sinn darin sehen, ob uns nun Gesundheit oder Krankheit, Reichtum oder Armut, Leben oder Tod erwartet. Wir müssen somit ein grundlegendes Mißtrauen in unsere eigene Zukunft und in die Zukunft der Welt überwinden.

Die zweite Stufe nennt er *Autonomie versus Scham und Zweifel*. Nachdem das Kind reif genug ist, seinen Stuhl zurückzuhalten oder auszustoßen, entwickelt es entweder Kontrolle und Stolz über seine eigene Produktion oder Scham und Zweifel. Für ein Kleinkind ist der Stuhl das erste kreative Produkt. Das kreative Produkt von Menschen in den Jahren des Reifwerdens für das Alter – Malen, Schreiben, Kochen, Gärtnern, zum Beispiel – kann diesen ein Gefühl des Stolzes auf die erstklassige Leistung vermitteln. Wenn sie hingegen nichts produzieren oder über das Endprodukt enttäuscht sind, kann Scham entstehen oder

Zweifel. Einige sind sehr stolz auf ihre kreative Arbeit. Andere setzen ihre Bemühungen herab. Selbst wenn man sie lobt, sagen sie: «Oh, es ist nicht viel.» Oft verbergen oder zerstören sie ihre Arbeit, da sie nicht einer inneren Norm entspricht. Oder sie hören ganz damit auf und halten das kreative Produkt zurück, statt es freizugeben. Vielleicht sind körperliche und kreative Verstopfung gar nicht so verschieden.

Auf Eriksons dritter Stufe, *Initiative versus Schuldgefühle,* kann das Kind gehen und ist sich seiner Geschlechtsteile bewußt. Bei einem Knaben ergeben sich daraus «phallisch-eindringende» Verhaltensweisen, beim Mädchen solche des «Wegnehmens», das heißt, es ist entweder eifersüchtig besitznehmend oder macht sich lieb Kind.

Eine von Jungs Einsichten war, daß der Mensch in den älteren Jahren oft die geschlechtlichen Eigenschaften entwickelt, die früher weniger bewußt und deshalb weniger entwickelt waren. Die Durchschlagskraft oder die phallische Angriffigkeit einer Frau, die ihre männlichen Züge noch nicht entwickelt hat, erinnert an einen kleinen Jungen. Bei einem älteren Mann zeigt sich manchmal eine gehässige, aggressive Besitzgier oder der attraktive und liebenswürdige Charme des kleinen Mädchens. Bei beiden Geschlechtern zeigen sich diese Qualitäten oft als Aggression, Eifersucht, Rivalität, Manipulation und Bitterkeit, mit andern Worten als minderwertige Gefühle oder Verhaltensweisen, die Schuldgefühle verursachen, da man womöglich Grenzen überschritten hat. Dies können Grenzen sein, die von der Gesellschaft oder durch veraltete, aber noch immer einflußreiche, verinnerlichte Einstellungen der Eltern gezogen wurden. Eine Frau zum Beispiel, die bei einer Gemeindeversammlung ihre Meinung bestimmt äußert, weint später im Badezimmer, da sie sicher ist, die Regeln verletzt und sich lächerlich gemacht zu haben. Ein Mann, der entdeckt, daß er gerne kocht, für seine Enkel sorgt und seinen Charme zeigt, verschweigt es vor seinen Freunden, da er glaubt, er müsse seine starke Macho-Persona aufrechterhalten, um respektiert zu werden.

Eriksons vierte Stufe, *Werksinn versus Minderwertigkeitsgefühle,* betrifft eine Zeit, in der man lernt, zu arbeiten und zum Versorger zu werden. Das Kind lernt, daß es Anerkennung erlangt, wenn es etwas produziert. Werden allerdings die früheren Erwerbungen des Kindes nicht mehr anerkannt, wird die Entwicklung unterbrochen. Schließen die Begabungen die benötigten Fertigkeiten ein, erfährt man das befriedigende Gefühl einer gut gemachten Arbeit und entwickelt sich zu einem produktiven Mitglied der Gesellschaft. In fortschrittlichen Heimen für Betagte und in Seniorenzentren gehen viele von uns noch in irgendeine Art von Schule, wo wir die Befriedigung einer gelungenen Arbeit erleben. Im Innern jedoch mag sich das Kind unserer sich entwickelnden Zukunft unfähig und minderwertig fühlen, denn die Gesellschaft gibt ihm wenig Anerkennung. In diesem Fall müssen wir selbst unsere sich entwickelnde Persönlichkeit bestätigen, denn, wie Jung schrieb, zeigt sich im Herbst, was im Frühling gezeugt wurde.[84]

Auf der fünften Stufe – *Identität versus Identitätsdiffusion* – geht mit der sexuellen Reife die eigentliche Kindheit zu Ende. Dies führt entweder zu einem starken Identitätsgefühl oder zu Zweifeln über die eigene Sexualität und die

Stellung in der Welt. Nach Erikson helfen die Pubertäts-riten dabei, die neue Identität zu integrieren. Zweifeln wir erneut an unserer Sexualität und unserem Platz in der Welt, wenn das Kind unseres unentwickelten Geschlechts heranreift? Frauen mögen sich zu andern Frauen hingezogen fühlen und Männer zu andern Männern. Betrachten wir dies als eine normale Entwicklung oder als eine Abweichung? Während das Kind unseres Alters heranreift, entwickeln wir eine neue Identität, die zu allen möglichen überraschenden Änderungen führen kann, nicht nur, was unsere sexuelle Orientierung betrifft, sondern auch in bezug auf das Gefühl, das wir über unseren Platz in der Welt haben.

Erst nachdem man diese fünf Stufen gemeistert hat, ist es gemäß Erikson möglich, mit der sechsten Stufe – *Intimität versus Isolation* – zu beginnen. Hier ist man fähig, sich im Zusammentreffen von Körper mit Körper und Geist mit Geist zu verlieren, wobei man stufenweise die Ich-Interessen erweitert und eine Verbindung zu andern erstellt. Für die einen, die dem Alter entgegenreifen, mag dies eine körperliche Verbindung sein, für andere ist sie psychischer Art. Viele ältere Menschen, die sich im Individuationsprozeß befinden, fühlen sich jedoch als Teil eines Ganzen, das bedeutend größer ist als ihr individuelles Ich. Sie spüren, daß sie mit einer höheren Macht, dem Selbst, zusammentreffen und sich mit ihm vereinigen.

Das Bewußtsein, zu etwas Größerem zu gehören, kann eine tiefe Einstellungsveränderung bewirken, die wir als *metanoia* bezeichneten. Man beschäftigt sich gleichzeitig stärker und weniger stark mit den weltlichen Angelegenheiten. Freundschaft, Kinder, alltägliche Aufgaben erscheinen einem attraktiver als Geschäftsleiter zu sein oder an einer Vorlesungsreise teilzunehmen. Oft fällt es jüngeren Leuten schwer, dieses «Loslassen» zu verstehen, und sie betrachten es als eine Art Anpassung ans Alter. Ich würde es jedoch als eine der Belohnungen des Alters bezeichnen. Das Kind der Zukunft beginnt zu wissen, was wirklich wichtig ist, und diesem Bedürfnis nach Intimität und Privatleben zu trauen.

Auf der siebten Stufe geht es um *Generativität versus Stagnation*. Man entwickelt ein Interesse daran, der nächsten Generation als Führer zu dienen.

> «Nur wer auf irgendeine Weise für Dinge und Menschen gesorgt und sich den Triumphen und Enttäuschungen angepaßt hat, die man als Schöpfer von Dingen und Ideen notwendigerweise erlebt … kann allmählich die Frucht dieser sieben Stufen kultivieren.»[85]

Die Furcht ist, gemäß Erikson, die achte Stufe, *Ich-Integrität versus Verzweiflung*. Hat man Ich-Integrität erlangt, erfährt man ein Gefühl von Ordnung und Sinn, in einer weltlichen wie auch einer spirituellen Bedeutung. Und man fühlt, daß der eigene Lebenszyklus so ist, wie er sein muß. Die Vergangenheit, einschließlich der Eltern und der Lebenserfahrungen von der Geburt bis in die Gegenwart, wird auf neue Art akzeptiert. Erikson nennt dies «Zuwachs an Ich-Integration». Das Fehlen dieser Art der Integration zeigt sich als Verzweiflung. Manchmal verbirgt Abscheu die Verzweiflung und die Angst vor dem Tode. Hat man die achte Stufe jedoch erreicht, so sind dem Ich Ordnung, Sinn und Vertrauen in sich selbst und in andere zugekommen. – Dies ist natürlich ein Ideal, das selten erreicht wird, doch ist es ein Modell, das man in Betracht ziehen sollte.

Andere Entwicklungstheoretiker haben eigene Theorien über das Altern aufgestellt, indem sie ihre Gedanken den Grundlagen, die von Pionieren wie Erikson geschaffen wurden, hinzufügten. Der Psychologe und Anthropologe David Gutmann schrieb 1981 vom «Wachstumspotential des Alterns» als einer speziellen Art der Kreativität, einer Fähigkeit, die wir alle haben, dem Daseinsgrund des Lebens Form und Wirklichkeit zu geben. Mit dem Alter, sagt er, wächst die Fähigkeit, Zugang zu den inneren Prioritäten zu finden und sie anderen zu übermitteln. Dank ihrer besonderen Fähigkeit, die nichtmateriellen Traditionen und Mythen für die Jungen zum Leben zu erwecken, können die Älteren dem Leben der zukünftigen Generationen einen Sinn geben. Nach Gutmann sind in den Stammeskulturen die alten Leute die Hüter der Mysterien und der Gesetze. Sie sind die Erzähler, die die Lieder und Sagen der uralten Überlieferungen – «den heiligen oder Totemaspekt» der Kultur – weitergeben und dadurch dem Leben des Stammes einen Zusammenhang vermitteln. «Indem sie das Heilige wirklich werden lassen, machen die Alten das alltägliche Leben ertragbar und geben ihm Würde.»[86]

«Wie steht es in dieser Hinsicht mit uns?» fragt Jung.

«Wo ist die Weisheit unserer Alten? Wo sind ihre Geheimnisse und Traumgesichte? Fast eher wollen es bei uns die Alten den Jungen gleichtun. In Amerika ist es sozusagen das Ideal, daß der Vater der Bruder seiner Söhne und die Mutter womöglich die jüngere Schwester ihrer Tochter ist.»[87]

So vernachlässigen wir unsere Aufgabe als Ratgeber und Träger der Kreativität in uns selbst und in andern.

Roger Gould, Psychiater und Gerontologe, macht darauf aufmerksam, daß die Menschen nie aufhören, ihr volles Potential anzustreben, auch wenn sie es nie ganz erreichen. Solange unser Leben in einer gleichmäßigen Gangart verläuft – abgesehen natürlich von den täglichen Schwankungen und periodischen Tragödien –, sind wir recht zufrieden damit. Kommt es jedoch zu einem Konflikt zwischen dem Wunsch zu wachsen und dem Wunsch, um jeden Preis so zu bleiben, wie wir sind, leben wir im Krieg mit uns selbst. Dann ist es unmöglich, Hüter der Mysterien zu sein oder unsere Integrität zu erlangen. Bleibt ein älterer Mensch in einer Entwicklungsphase stecken, kann er nicht eher weitergehen, als bis er die Aufgaben dieser Stufe erledigt hat. Vorher sind wir blockiert, fühlen uns unruhig oder erleben «verwirrende psychosomatische Symptome, die uns auffordern, innerhalb des engen, sicheren Selbst zu bleiben, des Selbst, in dem andere uns kennen»[88], wie Gould es beschreibt.

Jungianer thematisieren oft das Steckenbleiben in verschiedenen Entwicklungsphasen. Viele moderne Jungianer haben zunächst Entwicklungspsychologie studiert. Andere, die von einer klassischen Jungschen Richtung kommen, haben die Werke von Theoretikern wie Melanie Klein und D. W. Winnicott über die frühe Kindheitsentwicklung in ihre analytische Praxis integriert. Klein, Winnicott und andere Objektbeziehungstheoretiker sind reichhaltige Quellen nicht nur für diejenigen, die Therapien mit Kindern machen, sondern auch für Psychotherapeuten, die mit älteren Menschen arbeiten. Winnicotts «falsches Selbst» kann sich ebenso im Leben eines Fünfundsechzigjährigen zeigen wie bei einem Kind. Ein Mensch von fünfzig oder sechzig Jahren mag eine bewundernde Spiegelung ebenso nötig haben wie ein narzißtisches vierjähriges Kind, denn eine solche Spiegelung ist Voraussetzung für das Wachstum und die Entwicklung aller Menschen.

Zerstört die seelische Erschütterung durch gewisse Lebensereignisse – unter anderem der Schock des Altwerdens – das frühere Selbstbild und die alten Einstellungen des Ichs, muß dieses gestärkt und gefestigt werden, bevor die tiefergehende Beschäftigung mit der Wandlung beginnen kann. Auch kann eine Regression in jedem Alter stattfinden und eine Therapie nötig machen, der die theoretischen Modelle der frühen Kindheitsentwicklung, der Objektbeziehungen oder der Selbstpsychologie zugrunde liegen.

Nach Andrew Samuels betrachten die Jungianer die individuelle Entwicklung unter drei Gesichtspunkten: linear, spiral- und kreisförmig. Die lineare Entwicklungstheorie nimmt an, daß jede Stufe eine neue Anpassung des Ichs an die Gesellschaft und die Welt im allgemeinen fordert. Die Ereignisse des Lebens formen die Persönlichkeit, während man auf einem mehr oder weniger geraden Weg von der Geburt zum Tode fortschreitet. Das Modell von Erikson ist ein Beispiel dafür.

Ein Modell, das sich von Jung ableitet, wird von Samuels als «Spiralenparadigma» bezeichnet. Dieses basiert auf einem System, «das die Möglichkeit enthält, daß neue Elemente hinzukommen».

«In der Spirale beeinflussen sich immer dieselben Elemente, doch bei jeder aufsteigenden Umkreisung an einem andern Punkt. (Zum Beispiel sind das Ich und das Selbst an unterschiedlichen Punkten in unterschiedlicher Weise aufeinander bezogen.) Die Spirale zeigt auch, wie die Komponenten der Psyche von den Anforderungen der Umgebung beeinflußt werden.»[89]

James Hillmans Schule der archetypischen Psychologie liegt nach Samuels ein «Paradigma des kreisförmigen Wachstums» zugrunde:

«Entgegen Hillmans Behauptungen findet sich in seinem Werk ein Entwicklungsmodell, das sich vom linearen Modell [Stufen usw.] einerseits und von der Idee der Entwicklung als Spirale andererseits unterscheidet. ... Mit Kreisförmigkeit ist gemeint, daß jedes Element der Persönlichkeit immer vorhanden ist und immer schon vorhanden war, und daß Entwicklung verstanden wird als eine Entwicklung von etwas zu sich selbst, zur Anlage, die schon immer da war.»[90]

Die zwei anderen wichtigen Modelle – die nicht Jungschen Ursprungs sind – sind die Aktivitätstheorie, die man Robert Havighurst und seinen Mitarbeitern zuschreibt, und die Loslösungstheorie, die aus der Forschungsarbeit von Elaine Cumming und Lois Dean entwickelt wurde.[91]

Die Aktivitätstheorie behauptet, daß die Menschen sich nicht wesentlich ändern, sondern offensichtlich die Einstellungen und den Lebensstil ihrer mittleren Jahre auch beim Altwerden beibehalten. Nach dieser Theorie haben alte Leute die gleichen Bedürfnisse wie in ihren mittleren Jahren, doch schränken physische und gesellschaftliche

Faktoren die Fähigkeit der Menschen, diese Bedürfnisse zu befriedigen, im Alter ein. Indirekt wird damit gesagt, daß die Mehrzahl der älteren Leute es vorziehen würde, aktiv zu bleiben, wenn die Gelegenheit dazu vorhanden wäre. Mit den geeigneten Ausdrucksmöglichkeiten und mit Ermutigung könnten sie in ihren vorgerückten Jahren höchst funktionsfähig bleiben, behauptet die Aktivitätstheorie. Sie wären viel zufriedener mit dem Leben, das heißt glücklicher und produktiver. Eine solche Theorie findet Anklang in der amerikanischen Gesellschaft mit ihrer extravertierten Lebensweise.

Die Aktivitätstheorie bestätigt offensichtlich den hohen Wert, den unsere Kultur auf Beschäftigung und Produktivität legt. Viele Zentren für ältere Menschen planen Tätigkeiten nach dieser Methode. Sie helfen älteren Leuten mit speziellen Programmen, die das Ich und die Persona stärken, körperlich und geistig engagiert zu bleiben. Diese Programme sind eine große Hilfe für viele Menschen. Doch wenn sie auch sicher wertvoll sind, werden dabei oft die Bedeutung der inneren Arbeit und die Notwendigkeit psychischer Veränderung als eine Aufgabe des späteren Lebens übersehen. Es wird angenommen, daß es das beste sei, so lange wie möglich aktiv und unverändert zu bleiben.

Für gewisse Menschen in der Übergangsphase ist die Loslösungstheorie wohl eher angebracht. Nach dieser Theorie fassen es ältere Menschen als Erleichterung auf, wenn die gesellschaftlichen Anforderungen ab- und der Ruf, Körper und Psyche mehr Aufmerksamkeit zu schenken, zunimmt, was ihnen erlaubt, mit den inneren Aufgaben fortzufahren. Die Loslösungstheorie nimmt an, daß es leichter und höchstwahrscheinlich besser ist für ältere Menschen, dem Wunsch nach Rückzug und Introversion nachzugeben. So kann sich ein neues Gleichgewicht einstellen, bei dem die Anforderungen der äußeren Welt nicht mehr an erster Stelle stehen. Der Schwerpunkt liegt nun auf der Anpassung an die innere Welt und an den langsamen oder auch schnellen körperlichen Abbau.

Vom Jungschen Standpunkt aus kann man die Aktivitäts- und die Loslösungstheorie mit der extravertierten und der introvertierten Funktionsweise vergleichen. Der Extravertierte nimmt Information aus Ereignissen und Tatsachen in der Umwelt auf, verarbeitet sie und eignet sie sich an. Der Introvertierte andererseits verarbeitet die Information innerlich, assimiliert sie, bevor er sie in einen passenden Zusammenhang mit der Welt bringt. Der eine Weg ist nicht wertvoller als der andere. Beide sind nötig.

Es ist interessant, daß sogar die Loslösungstheorie die extravertierte Orientierung unserer überaktiven Kultur zeigt, indem sie den Begriff «disengagement» gebraucht, um eine mehr introvertierte Haltung zu beschreiben. James Hillman wies 1989 in einem Workshop in Boston darauf hin:

«Wir leben in einer extravertierten Gesellschaft, in der alles, was nicht Manie ist, als Depression betrachtet wird. Schnellimbiß, schnelle Autos, einstündiger Fotoservice und Expreßkassen sind nur einige der Zeugnisse des Wunsches, den hyperaktiven Lebensstil zur Norm zu machen.»

Als Ally, eine junge Bankangestellte, sich zum Beispiel bei ihrem Chef beklagte, daß ihr eine Sechzigstundenwoche keine Zeit lasse, ihre «Batterien wieder aufzuladen» oder ein eigenes Leben zu führen, sagte man ihr: «Dies *ist* Ihr Leben. Wenn Sie das Tempo nicht mithalten können, müssen Sie eben aus dem Rennen ausscheiden.» Solche Bemerkungen widerspiegeln eine verbreitete Mentalität, die für die Jungen wie auch für die reiferen Menschen unerträglich sein kann. Wenn unser Körper und unser Geist langsamer werden, wird es für uns oft immer schwieriger, uns in der gehetzten und aufreibenden Welt zurechtzufinden.

Als Studierende und Praktizierende der analytischen Psychologie befinden wir uns oft außerhalb des Hauptstroms der gerontologischen Theorien. Unsere Unterstützung der Introversion, des Abstiegs und der inneren Arbeit steht oft auch in direktem Gegensatz zum gegenwärtigen Trend zu kurzfristigen Interventionen. Der sich langsam entfaltende Prozeß unserer Arbeit paßt nicht immer in die theoretischen Modelle, die sich auf Extraversion und schnelle Veränderung stützen, denn wir anerkennen, daß Depression und Regression für eine Veränderung absolut notwendig sind. Deshalb können Menschen, die sich auf ihre eigene Individuation, die Introversion und Rückzug verlangt, konzentrieren, nicht nur mit sich selbst, sondern auch mit den gesellschaftlichen Werten in Widerspruch geraten. Der Auflösungsprozeß, der zum Übergang in die *metanoia* gehört, kann sogar noch schwieriger sein, wenn man Werte verinnerlicht hat, die die Aktivität bejahen und das Loslassen als pathologisch hinstellen.

Als Therapeuten müssen wir der Versuchung widerstehen, uns von den älteren Patienten abzuwenden, ihnen Beruhigungspillen oder andere medizinische Pflaster verschreiben zu lassen oder sie zu extravertierten Aktivitäten anzuspornen. Eine solche Haltung zeigt unser eigenes Bemühen, dem Alterungsprozeß auszuweichen, indem wir uns auf ein rigoroses Turnprogramm und auf Diäten verlassen und vergeblich glauben, die Verheerungen der Zeit aufhalten zu können. Da Jungianer die Bedeutung der inneren Arbeit anerkennen, sehen die meisten in der Loslösungstheorie mit ihrer Betonung des In-sich-Gehens eine passende Methode für ihre Vorstellung über die Psyche, auch wenn sie den Begriff «Loslösung» unattraktiv finden.

Meine Erfahrung ist, daß Aktivitätstheorie und Loslösungstheorie eine Spaltung darstellen, die für den Kampf auf dem Weg zur *metanoia* des Alters typisch ist. Aktivität und Loslösung werden polarisiert wie Extraversion und Introversion, wenn man ihr Zusammenspiel in der Psyche nicht sehen und fühlen kann. Gewöhnlich wollen gewisse Teile der Persönlichkeit aktiv in der Welt bleiben. Es herrscht jedoch offenbar auch ein ganz spontanes Bedürfnis, sich zurückzuziehen. Wie Systole und Diastole, Zusammenziehen und Ausdehnen, bilden Aktivität und Rückzug einen natürlichen Rhythmus, sofern dieser Instinkt nicht verdrängt wird. Das fein eingestellte, gut entwickelte Ich einer körperlich aktiven älteren Person ist jedoch selten glücklich über die Regression und die Persönlichkeitsveränderung, die durch Rückzug gefördert werden. Deshalb benötigen Menschen, die sich zurückziehen, öfters Hilfe bei der Gestaltung des Raumes und der Zeit, die für den Abstieg an der Schwelle ins Alter notwendig sind.

Während des Übergangs ins späte Leben haben viele das

Gefühl, daß ein Teil ihres Ichs noch aktiv am alltäglichen Leben beteiligt ist, während der Rest der Persönlichkeit ins Unbewußte sinkt. Obwohl dies in einem gewissen Maße mit uns allen geschieht, wenn wir vor einer bedeutenden Änderung stehen, scheint es sich in den Jahren, in denen wir uns zu «weisen Alten» entwickeln, oft deutlicher zu zeigen. Viele berichten, daß sie ziemlich gut in der äußeren Welt funktionieren können, auch wenn ihr inneres Selbst mit stark introvertierten Aufgaben weit entfernt von der äußeren Szene beschäftigt ist.

Eine ältere Frau sah diese Zeit des Abstiegs und der starken Regression als ein rituelles Ertrinken in einem großen Kessel, wie er bei der keltischen Göttin Ceridwen vorkommt. Der große Kessel ist bekannt als Gefäß der Wandlung, in dem die Ereignisse des Lebens und die Zukunft «zusammengebraut» werden. Während einer Zeit großer Not in ihrer Arbeit schrieb die Frau das folgende Gedicht:

> Ertrinkend
>> Falle ich vergessen
>> In die Tiefe
>> Ihres Kessels
>
> Das Leben
>> Sinnlos geworden
>> Kocht
>> Im schwarzen Blut
>>> Ihres Gebräus ein
>
> Wer nährt
>> Das Feuer
>> Wer rührt den Topf
>>> Und wartet?

Beim Amplifizieren der Bilder erinnern wir uns an die drei Parzen und auch an Hekate, die Hüterinnen des Kessels, in dem die Veränderungen tüchtig umgerührt werden. Der analytische Prozeß erscheint im Traum manchmal als Gefäß der Wandlung oder als Hexenkessel, vor allem dann, wenn die Arbeit «heißer» wird und zu «kochen» beginnt. Wenn dies geschieht, tauchen oft Bilder der Auflösung oder der Desintegration auf, in denen etwas zerschnitten oder gesotten wird. Nicht selten sieht man Bilder mit Blut oder sterbenden Menschen. Die alte Lebensart *ist* am Sterben, während sich das Neue zu formen beginnt. Wer nährt das Feuer, wer rührt den Topf und wartet? Oft erfüllt der Analytiker diese Aufgaben. Viele ältere Analysanden entdecken jedoch, daß sie selbst das hütende Ich enthalten, das im Topf rührt und den Prozeß überwacht. Sie sammeln ihre Träume und widmen sich ihren Komplexen mit großer Sorgfalt, selbst wenn sie tief in der Arbeit versunken sind.

Wenn ich mit einem solchen Menschen zusammensitze, erinnere ich mich oft an Ceridwen, die weise alte Königin-Göttin der keltischen Mythologie, die mit ihren Helferinnen diese Arbeiten erledigt. Obwohl sie den meisten von uns weniger bekannt ist als Hekate und die Parzen, amplifiziert und verdeutlicht Ceridwens Geschichte auf eindrückliche und echte Weise das Wandlungsgeschehen in der Phase des Reifwerdens für das Alter.

Wie Hekate ist Ceridwen eine archetypische Darstellung der Macht des Weiblichen über Anfang und Ende und den erneuten Anfang. Da sie die Form der Dinge ändert, weiß sie, wie man im Übergangsbereich lebt. Als Göttin und Hüterin des Kessels führt sie uns auf unseren

Reisen in die Tiefe und beaufsichtigt unsere Veränderungen. Sie ist eine weise Frau, eine Magierin. Wie Maria Prophetissa, eine der ältesten Alchemistinnen, liest sie Bücher und kocht ihr Gebräu auf der Suche nach Weisheit und Erleuchtung. Während Maria den «Abschaum» ihres eigenen Lebens in Gold verwandeln wollte, will Ceridwen das Gold der Erleuchtung für ihren Sohn finden, um ihm und den zukünftigen Generationen alle Weisheit der Jahrhunderte weiterzugeben.

Wir finden die Geschichte von Ceridwens Kessel der Wandlung in vielen Versionen in der ganzen keltischen Welt wieder. Die berühmteste ist die Geschichte eines gewöhnlichen Knaben namens Gwion Bach, der sich in den berühmten Barden Taliesin verwandelt.[92]

Ceridwen und ihr Mann, der König, haben einen einzigen Sohn, der so häßlich ist, daß sie ihn Afaggdu nennen, was auf walisisch «vollkommene Dunkelheit» bedeutet. Der Mutter gelingt es nicht, ihn, so wie er ist, zu bejahen. Er wird ihr nie ihren größten Wunsch erfüllen können, am Hof des Hohen Königs angenommen zu werden. Lange Zeit überlegt sie sich, wie sie ihn präsentabel machen könnte. Es ist unmöglich, sein Aussehen zu ändern. Schließlich jedoch schmiedet sie einen Plan, wie sie ihm alle Weisheit der Welt geben und ihn zum Weisesten der Weisen machen kann. Er wird ein solch erhabener Geist sein, daß ihm niemand widerstehen kann. Jeden Tag sammelt sie zu besonderen Zeiten seltene Kräuter und Pflanzen, wirft sie in ihren Kessel und kocht langsam eine magische Flüssigkeit. Ein uraltes Zauberbuch sagt, daß die Flüssigkeit bis auf drei Tropfen einkochen wird, die dann das wahre Wesen der Weisheit enthalten. Wenn Ceridwen ihre Arbeit treu ein Jahr und einen Tag lang durchführt, muß der Zauber wirken. Da sie nicht allein Kräuter suchen, sammeln, kochen, das Feuer schüren und im Topf rühren kann, stellt sie einen alten blinden Mann, der zufällig vorbeikommt, als Hilfe an. Er rührt im Topf, während sein junger, dümmlicher Führer Holz, das er in der Nähe einsammelt, aufs Feuer legt. Somit hat Ceridwen Zeit, jedes Kraut unter besonderen Bedingungen und zu den speziellen Stunden, die das alte Zauberbuch vorschreibt, einzusammeln.

Betrachten wir Ceridwen als das Ich, sehen wir, wie schwer es ist, die vielen Aufgaben der äußeren Welt zu erledigen, während man gleichzeitig mit dem Erhitzen und Kochen des Kessels der inneren Arbeit beschäftigt ist. Wir brauchen Hilfe, wenn wir gleichzeitig sammeln und kochen wollen. Wie Ceridwen, die sich auf einen blinden und dummen Helfer verlassen muß, so sind auch wir oft auf Inhalte unserer Psyche angewiesen, die die äußere Wirklichkeit nicht sehen und die Bedeutung von dem, was vor sich geht, nicht verstehen. In einem Mann können die Gestalten des blinden Mannes und des Knaben Elemente des Schattens repräsentieren, in einer Frau den Animus, die unbewußten und unentwickelten Seiten ihrer Männlichkeit. In beiden Fällen weisen sie auf eine unbewußte Aktivität hin, die zukünftigen Zielen des Ichs dient.

In der Geschichte dauert das Sammeln, Rühren und Schüren des Feuers ein Jahr und einen Tag. Schließlich kommt die Zeit, da die magischen Tropfen aus der Brühe ausgeschieden werden und der Häßliche erlöst wird. Ceridwen setzt sich unter einen Baum und wartet, nachdem sie ihren dunklen Sohn neben den Kessel gestellt hat, wo sie glaubt, daß er sein neues Schicksal nicht verfehlen kann. Doch gerade vor dem wichtigen Moment schläft sie ein! Und anstelle ihres häßlichen Sohns erhält der dümmliche Knabe Gwion Bach die drei wertvollen Tropfen. Die einen behaupten, es sei durch einen Trick geschehen, die andern sagen, es sei Zufall gewesen.

Als sie erwacht, ist Ceridwen wütend. Gwion jedoch, der die Weisheit der ganzen Welt besitzt, hat erkannt, daß sie versuchen wird, ihn zu zerstören. Deshalb läuft er weg, bevor sie bei vollem Bewußtsein ist. Sie rennt ihm nach. Immer wieder wechselt er seine Gestalt und versucht, ihr zu entwischen. Bei jeder Veränderung verwandelt sie sich in den passenden Räuber. Die Verfolgungsjagd geht so lange weiter, bis Gwion ein Maiskorn wird und Ceridwen ein Huhn, das ihn verschluckt. Mit dem Maiskorn im Bauch wird sie schwanger. Nun wartet sie von neuem, dieses Mal bis Gwion geboren wird, damit sie ihn töten kann. Als das Kind zur Welt kommt, findet sie es jedoch so schön, daß sie ihm nichts anzutun vermag. Doch kann sie ihn auch nicht behalten, denn er hat ihrem Erstgeborenen die Chance geraubt, das Leben zu führen, das sie ihm geben wollte: am Hof empfangen zu werden und Macht in der Welt zu haben. Ceridwen bringt Gwion ans Meer und setzt ihn in einem winzigen Boot aus mit Häuten überzogenem Weidengeflecht aufs Wasser. Später wird er von einem Prinzen gerettet, der ihm den Namen Taliesin, «die leuchtende Stirne», gibt, da er von Schönheit und Weisheit strahlt.

Der helle, kreative Animus wird geboren, obwohl Ceridwen entschlossen ist, alles daran zu setzen, den negativen Animus mit Wissen und Macht zu erfüllen. Ihr versehentliches Einschlafen zeigt, was dem extravertierten Menschen passiert, wenn die Introversion die Macht ergreift. Ceridwens Sturz ins Gegenteil ihrer bewußten extravertierten Haltung, in die unbewußte Introversion, führt am Ende zur unerwarteten Wandlung und nicht zur Befriedigung ihrer Lust nach Macht und Ruhm.

Das Eindringen ins Unbewußte kann uns auch in unserem eigenen Leben eine Bewußtheit bringen, die sich von unseren Erwartungen unterscheidet. Das neue Bewußtsein mag uns sogar ärgern, bis wir beginnen, es zu identifizieren und zu assimilieren. Vor allem wenn wir im Alter nach Weisheit suchen, müssen wir entscheiden, ob wir mehr Macht in der Welt haben wollen oder eine neue Kreativität hervorbringen möchten, ohne persönlichen Anspruch auf sie zu erheben.

Während der dunkle Sohn Afaggdu aus der Geschichte von Ceridwen verschwindet, kaum hat er sie betreten, begegnen wir ihm wieder in einer späteren Erzählung als König Arthurs rechte Hand in der Schlacht. Er braucht keine Rüstung, da sein ganzer Körper durch steife Haare geschützt ist. Der undurchdringliche, von Stacheln bedeckte Afaggdu symbolisiert den Teil der Psyche, den wir unterschätzen und häßlich finden, den wir jedoch unbedingt verwandeln wollen. Während wir oft die bittere Erfahrung machen, daß wir unsere dunkelsten Seiten nicht erlösen können, müssen wir auch erkennen, daß diese häßlichen und unterbewerteten Züge uns manchmal in unserem Kampf, bewußt zu werden, beschützen.

Wer aber wartet in den Älteren von uns zusammen mit Ceridwen auf die Destillation all dessen, was wir gesammelt haben? Wer weiß, daß das Ich in der Tiefe kocht, während ein weiteres «beobachtendes Ich» das Feuer schürt und im Topf rührt? Wer ist es, der wach bleibt, selbst wenn ein anderer im vielversprechenden Moment einschläft, damit der Trickster seine Arbeit erledigen kann und eine unerwartete Schwangerschaft und eine neue Geburt in der Psyche ermöglicht?

Zu entscheidenden Zeiten der Individuation wird der Beobachter in der Psyche oft auf den Analytiker projiziert, während der Analysand mit Depressionen kämpft. Ich habe jedoch die Erfahrung gemacht, daß das Ich vieler älterer Menschen während ihrer bedeutendsten Abstiege in die Tiefe einen großen Teil der eigenen Bewußtheit tragen kann. Diese Ich-Bewußtheit rührt im Topf, schürt das Feuer und beobachtet, während gleichzeitig ein weiterer Aspekt des Ichs in eine tiefe Bewußtlosigkeit versinkt, die wie der Tod erfahren wird. Manchmal haben der Analytiker wie der Analysand das Gefühl, außerhalb der Arbeit zu stehen, selbst wenn beide gekocht werden.

Ohne die Bedeutung aktiver Tätigkeit leugnen zu wollen, müssen wir Analytiker Jungscher Richtung immer wieder betonen, daß die Erfahrung von Loslösung und Introversion für die Individuation unerläßlich ist. Für diejenigen, welche schon lange auf der Reise sind, ist dies offensichtlich. Wir müssen es jedoch ständig wiederholen, wenn wir zum Gewicht, das die Gesellschaft auf die Extreme der extravertierten Aktivität legt, ein Gegengewicht schaffen wollen.

1953 schrieb Florida Scott-Maxwell über das Altern:

«Wir sitzen in einer ordentlichen Stille, genießen die Anwesenheit des Du, das nicht spricht, und lieben sogar noch mehr die Abwesenheit von dem, das spricht. Der Geist ist offen, im Falle, daß es irgendwo Frieden gibt; er wendet sich aber vom allzu Persönlichen ab und sucht das Unpersönliche – doch dazu brauchen wir ziemlich viel Leere.» [93]

Irene Claremont de Castillejo hält fest, daß die Libido – die Lebenskraft – in eine andere Richtung fließt, wenn man älter wird. Die äußeren Aktivitäten verlieren ihren Glanz, und die innere Welt verlangt nach Aufmerksamkeit. Diese Anforderung kann so stark sein, daß man krank wird, wenn man dem Aufruf nicht folgt. Wenn Menschen sich während des «Reifwerdens für das Alter» Zeit nehmen, um «nachzudenken und die Dinge in sich zu bewegen und Wachstumsschritte in eine unbekannte innere Welt hinein zu tun» [94], erwartet sie möglicherweise neue Kreativität.

«Die Menschen in der zweiten Lebenshälfte brauchen die Hinwendung nach innen. Sie brauchen das; denn sie können zufrieden sterben, wenn ihr Garten in gutem Zustand ist und wenn sie die Aufgabe erfüllt haben, der Mensch zu werden, der sie werden sollten.» [95]

Nur dann können sie ihre letzten Jahre voll und mit Integrität leben, selbst wenn der Körper schwächer wird. M. Esther Harding thematisierte das Bedürfnis nach einer neuen Führung, die den Älteren hilft, sich von vergangener Arbeit, Aktivität und dem «Jung-Bleiben» zurückzuziehen. Sie wies darauf hin, daß die psychoanalytischen Schulen von Freud und Adler einem dabei helfen können, sich an jugendliche Aufgaben zu gewöhnen, daß

Jungs Ansichten dagegen eher für die Probleme der älteren Leute geeignet sind. Die Abwendung von der äußeren Welt ist kein Verlust, sondern «eine notwendige Bedingung, um eine spirituelle Schöpfung hervorzubringen, die nicht weniger wichtig ist als die Schöpfungen der früheren Lebensperioden» [96]. Sind wir nicht in der Lage, uns stark genug zu lösen, um uns unserer spirituellen Entwicklung zu widmen, kann es sein, daß wir uns an der Stelle befinden, von der Roger Gould spricht, dem festgefahrenen Ort, an dem wir «blockiert und im Krieg mit uns selbst sind». Geschieht dies, so wird, sagt er, das Wachsen zu einem Konflikt.

«Sind wir zu lange blockiert, werden wir negative, saure Freudentöter. Wir denken ständig an unsere Unzulänglichkeiten, werden von Neid zerfressen und schieben den andern Menschen die Schuld zu, da wir die gewaltige Spaltung in uns selbst nicht zugeben können.» [97]

Die wenigsten von uns wollen die Rolle der «negativen, sauren Freudentöter» spielen, wenn wir älter werden. Wieso kommt es dann, daß wir uns oft als solche fühlen, daß wir so unruhig, krank und schlecht gelaunt sind, wenn wir blockiert bleiben? Gould erklärt:

«Gerade wenn wir dabei sind, aus unserem blockierten Zustand herauszukommen, oder, ironischerweise, wenn wir uns mitten in einer starken, beschleunigten Vorwärtsbewegung befinden, fühlen wir uns unruhig und haben andere verwirrende psychosomatische Symptome, die uns warnend auffordern, innerhalb des engen, sicheren Selbst zu bleiben, im Selbst, das anderen, die uns kennen, vertraut ist.» [98]

Was geschieht mit uns, wenn wir in einer dunklen, regressiven Seite des Alterns steckenbleiben – wenn wir unfähig sind, aus unserer Unruhe und unserem Schmerz herauszukommen und zu einer neuen Einstellung zu gelangen? Oft zieht uns unser Körper in den dunklen Aspekt seines Bedürfnisses nach Aufmerksamkeit. Wir sorgen uns übermäßig um unsere Gesundheit, selbst wenn wir körperlich gesund sind. Unsere Lebenskraft scheint unserem Körper zu entfließen, ohne daß wir es verhindern können. Sind wir erschöpft, neigen wir zu psychischer und körperlicher Verstopfung. Wir wollen alles Schöpferische zurückhalten, selbst das, was der Körper ausscheiden muß. Zeitweise haben wir das Gefühl, nichts mehr aufnehmen zu können, und gleichzeitig hungern wir danach, die Leere unserer Psyche zu füllen. Wir erfahren diese Leere somatisch als Bedürfnis, zu essen oder zu trinken, doch fühlen wir uns ausgehungert, selbst wenn wir uns vollstopfen. Überladen wir uns andererseits mit den Informationen und der psychischen Energie einer extravertierten Welt, kann es sein, daß wir uns verschließen, uns zurückziehen und Essen wie auch Beziehungen ablehnen. Gleichzeitig versuchen wir vielleicht, andere zu mästen, damit sie uns ernähren können.

Jacqueline Schectman beschreibt die Hexe in Hänsel und Gretel, «eine Frau, die älter ist als die Hügel»[99], wie folgt:

«Die alte Frau in dieser Geschichte hält den bösen, verschlingenden Aspekt ihres Selbst gut verborgen und behält ihre süße Persona so lange, bis sie die hungrigen Kinder angelockt hat.»[100]

«Dieses süße, verschlingende Wesen liegt so tief in der kollektiven Psyche, daß wir es überall sehen.»[101]

Das ist die Großmutter, die von der Energie ihrer Kinder und Enkelkinder lebt. Diese wundern sich, wieso sie sich nach jedem Besuch so ausgelaugt fühlen, vor allem wenn die Großmutter selbst sich so viel besser fühlt, nachdem sie mit ihnen zusammen war. Es ist auch der alte Mann, der zu beschäftigt ist, um zu merken, wie oft er andern die Energie abzapft, um seinen eigenen Vorrat aufzufüllen, statt daß er sich Zeit nimmt auszuruhen und seine Erschöpfung anerkennt oder sich selbst von innen her wieder stärkt.

Wenn sich die negative Hexe bildet, sei es in Männern oder in Frauen, sehen wir oft – in Jane Wheelwrights Worten – «diejenigen, die sich selbst behaupten … die unaufhaltsam vorrücken und ihre Umgebung zur Verzweiflung bringen», oder die Schüchternen, «diese armen Dinger, [die] bei der kleinsten Herausforderung davonrennen» [102]. Sie sind die zwei Seiten der gleichen Münze. Beides sind Aspekte von dem, was wir fürchten – daß Veränderung uns Tod statt Leben bringt, Traurigkeit statt Freude, bitteren Bodensatz statt klaren, gut gelagerten Wein.

Ann und Barry Ulanov beschreiben die dunkle Seite des Alterns als «das unglückliche alte Weib»:

«[Ihre] Themen widerhallen durch das ganze Hexenwesen: rückwärts fließende Lebenskraft, die Fähigkeit, aus etwas nichts zu machen, eine Abwesenheit zu bewirken, wo etwas vorhanden war. Statt Kinder zu füttern, ißt die Hexe sie, um sich selbst zu ernähren. Anstatt für andere zu sorgen, saugt sie ihnen das Lebensblut aus, um ihr eigenes zu vermehren. … Sie schmiedet Pläne, sie intrigiert, sie hungert nach Macht.» [103]

Wir alle wehren uns innerlich gegen eine solche alles enthaltende, verschlingende, über Leben und Tod verfügende Alte – die böse Stiefmutter, die die dunkle Seite des Unbewußten verkörpert. Während wir uns nach einer Symbiose, wie wir sie in der Gebärmutter erlebten, zurücksehnen, fürchten wir uns wohlweislich vor dem Verlust des Ichs, den eine solche Rückkehr bedeuten würde. Wir haben respektvolle Furcht vor dieser Alten Mutter, da sie vernichtet. Sie versüßt und mästet unser Leben nur, damit sie sich selbst ernähren kann. Unsere Verunglimpfung älterer Menschen kann ein Versuch sein, unsere Ängste zu verdrängen und die verschlingenden Seiten des Unbewußten selbst zurückzuschlagen. Unsere Fixierung auf den Körper verbirgt möglicherweise den Wunsch, dem unabwendbaren Tod auszuweichen.

Jung betonte, wie wichtig es sei, daß alternde Menschen sich mit dem Tod «bekannt machen». Als Kommentar zu einem Traum, den eine sechzigjährige Frau zwei Monate vor ihrem Tod hatte, schrieb er:

«[Im Traum kam sie] ins Jenseits. Dort war eine Schulklasse, in welcher auf der vordersten Bank ihre verstorbenen Freundinnen saßen. Es herrschte allgemeine Erwartung. Sie blickte sich um nach einem Lehrer oder Vortragenden, konnte aber niemanden finden. Man bedeutete ihr, daß sie selbst die Vortragende sei, denn alle Verstorbenen hätten gleich nach ihrem Tode einen Bericht über die Gesamterfahrung ihres Lebens abzugeben. ...

... Ein sozusagen unabweisbar Fragendes tritt an [den alternden Menschen] heran, und er sollte darauf antworten. Zu diesem Zweck sollte er einen Mythus vom Tode haben, denn die ‹Vernunft› zeigt ihm nichts als die dunkle Grube, in die er fährt. Der Mythus aber könnte ihm andere Bilder vor Augen führen, hilfreiche und bereichernde Bilder des Lebens im Totenland. Glaubt er an diese oder gibt er ihnen auch nur einigen Kredit, so hat er damit ebenso sehr recht und unrecht wie einer, der nicht an sie glaubt. Während aber der Leugnende dem Nichts entgegengeht, folgt der dem Archetypus Verpflichtete den Spuren des Lebens bis zum Tode. Beide sind zwar im Ungewissen, der eine aber gegen seinen Instinkt, der andere mit ihm.» [104]

Oder wie Edgar Herzog in *Psyche und Tod* sagt: «... und nur wer in seiner Seele bereit ist, durch das Tor des Todes zu schreiten, wird ein lebendiges menschliches Wesen.» [105]

Diese Bemerkungen sind sicher ebenso gültig für unsere Abstiege ins Unbewußte, wie sie es für unsere Beziehung zum Tode sind. Oft haben wir große Angst vor den kleinen Todeserlebnissen, die der Wandlung vorausgehen, da wir uns genauso fühlen, wie wenn der körperliche Tod auf uns zukäme. Eine ältere Frau beschrieb es so: «Jedes Mal, wenn ich vor einer wichtigen Veränderung stehe, glaube ich, daß ich sterben werde.»

Eine solche Angst wird oft durch einen Komplex konstelliert, durch eine Ansammlung alter Einstellungen, teils im persönlichen und teils im kollektiven Unbewußten, die den Energiestrom zwischen dem Ich und dem Selbst blockiert. Dabei kann es sich um einen frühen Elternkomplex voller veralteter Urteile und Regeln handeln. Es kann auch ein Komplex sein, der uns tief in den Körper hineinzieht, wo uns das Gefühl vermittelt wird, Sicherheit sei nur dann gewährleistet, wenn wir dort steckenbleiben. Gould hat in einem früher zitierten Abschnitt darauf hingewiesen, daß wir innerlich gespalten sind und uns davor fürchten, aus unseren alten Komplexen herauszukommen und zurück in den Strom des Lebens zu treten, der uns unweigerlich dem Tod unserer alten Lebensweise entgegenträgt.

Jane Wheelwright diskutiert die Veränderung in der Beziehung zwischen Ich und Selbst, die sich im Alter ergibt. Obwohl das Ich zu einem klar umrissenen, separaten Komplex wird, ist es gegenüber dem Archetyp des Selbst offener, wenn wir älter werden.[106] Dieser Wechsel in der Beziehung deckt sich mit unserem Gefühl, den Abstieg zu erleben und gleichzeitig als beobachtendes Ich außerhalb zu stehen. Edward Edinger beschreibt dies als zwei Arten des Wissens:

«1) die Erfahrung, das wissende Subjekt zu sein und 2) die Erfahrung, gewußtes Objekt zu sein. Man könnte sagen, daß wir unsere psychische Existenz im unbewußten Zustand des gewußten Objekts beginnen und nur mit großer Mühe im Verlauf der Ich-Entwicklung den relativ ruhigen Stand des wissenden Subjekts erreichen.

... Der Prozeß der Bewußtwerdung erfordert, daß man gleichzeitig sieht und gesehen wird, daß man weiß und gewußtes Objekt ist.»[107]

Edinger sieht die Bedeutung des Lebens im wachsenden Bewußtsein, was heißt, «gemeinsam mit einem andern zu wissen». In der Religion ist dieser andere Gott. In Jungs Terminologie ist das andere, mit dem wir eine wissende Beziehung anstreben, das Selbst.

Ein älterer Mensch, der nach einer solchen Beziehung sucht, fühlt oft gleichzeitig eine stärkere Verbundenheit und einen größeren Abstand. Das Ich ist stärker und gleichzeitig demütiger dem Selbst gegenüber. Indem wir unsere Gedanken über Leben und Tod neu formulieren, können wir eine neue Auffassung von uns selbst erlangen. Viele scheinen das zu bestätigen. Sie ermutigen uns zwar, aktiv zu bleiben, sagen aber auch, daß zur Erneuerung unserer Ideen und Einstellungen im fortgeschrittenen Leben ein Abstieg notwendig ist, bei dem die Energie nach Innen fließt, um unbewußte Komplexe und veraltete Einstellungen aufzulösen. Der Alterungsprozeß bringt oft eine Zeit der Introversion und der Neueinschätzung. Dies kann bedeuten, daß man sich auf längere Zeit in die Abgeschiedenheit begibt, oder auch, daß man sich einfach für ein bis zwei Stunden im Tag zurückzieht.

An der Schwelle zum Alter scheint vor allem der Körper danach zu verlangen, daß wir unsere Aufmerksamkeit nach Innen richten. Wenn wir ruhiger und nachdenklicher werden, werden wir uns unseres Atems, unserer Müdigkeit oder Kraft und unserer Schmerzen bewußter. Vernachlässigen wir unseren alternden Körper und übersehen wir seine Symptome, zwingen uns gerade diese Symptome, ihn zu beachten. Schenken wir ihm genügend Aufmerksamkeit, stellen wir mit Erstaunen fest, wie er funktioniert und was er enthält.

Probleme mit dem Herzen, den Gefäßen, den Atemwegen oder den Knochen, die in der älteren Bevölkerung oft vorkommen, können einen Spitalaufenthalt notwendig machen. Sind wir bewußt genug, um über das, was Jung unsere Berufung nannte, nicht einfach hinwegzusehen, erkennen wir, daß uns unser Körper auf einen Übergang vorbereitet. Er ruft uns zur Introversion, zur Wandlung und schließlich zur großen Veränderung der bewußten Einstellung, der *metanoia*, auf.

Beim Älterwerden werden wir zu Ceridwens Kessel gebeten, der unser eigener Körper und unsere eigene Seele ist. Auch wenn wir – wie Gwion Bach – nicht Erleuchtung finden, werden wir sicher Änderungen durchmachen, die uns auf die kommenden Jahre vorbereiten. Wie Ceridwen erleben wir vielleicht das Keimen und die Geburt einer überraschenden Kreativität, während wir nach neuen Wegen suchen, die Gegensätze zu verkörpern – das Kind zusammen mit der Weisen Alten, den stacheligen dunklen Jüngling und seinen leuchtenden Bruder, das Gute und das Böse unseres langen Lebens. Alles, was wir angenommen und abgelehnt haben, kommt zusammen und vereint sich zu dem, was wir sein werden.

5. Der alternde Körper

Im Alter von fünfundfünzig oder sechzig Jahren entwickelt sogar der Körper des gesündesten Menschen oft
eigenartige Symptome. Eine quälende Steifheit in den
Gelenken, unangenehme Nachwirkungen gewisser Nah-
rungsmittel, eine längere Genesungszeit bei leichteren
Erkrankungen, dies alles macht auf sanfte Art auf den
Körper aufmerksam. Unsere Energie schwankt ständig.
Einen Moment lang fühlen wir uns stark wie Löwen,
dann wieder sinken wir erschöpft auf einen Stuhl nieder.

Übersehen wir diese Signale und machen wir weiter wie
gewohnt, können wir krank werden, denn unser Körper
verlangt unsere bewußte Aufmerksamkeit und sendet uns
Botschaften, die wir nicht übersehen dürfen. Mit der Zeit
werden die Symptome stärker und zwingen uns, innezu-
halten und sie zu beachten. Wir müssen das Leben langsamer nehmen und es neu überdenken. Möglicherweise
werden wir zu einem Spitalaufenthalt gezwungen, wo wir
im «Wochenbett» die Geburt einer neuen Lebensform
erwarten.

Gerontologen sind sich schon seit langem einig, daß es
wichtig ist, das Leben neu zu durchdenken.[108] Bis heute
jedoch wurde wenig auf die Verbindung zwischen psychischer Integrität und der Arbeit mit dem physischen und
dem imaginalen Körper geachtet. Jungsche Analytiker
wie Joan Chodorow, Anita Greene, Arnold Mindell und
Marion Woodman entdeckten in ihrer Arbeit mit dem

Körper, daß unsere Organe, Knochen, Muskeln und Zellen Erinnerungen aufbewahren wie unser Gehirn. Anita Greene schreibt darüber:

«Meine lange Erfahrung mit Körperarbeit hat mir gezeigt, daß gewisse Bilder und Erinnerungen positiver wie auch negativer Art so tief in den Körpergeweben eingeschlossen sind, daß sie in der Analyse erst dann zum Vorschein kommen, wenn sie durch körperliche Berührung befreit werden.» [109]

Körperzentrierte Therapien wie Massage, Atemtherapie, therapeutisches Berühren, Akupunktur und viele andere – zu zahlreich, um sie alle aufzuzählen – unterstützen Greenes Beobachtungen. Trotzdem wird dieses Wissen von erfahrenen Klinikern oft skeptisch und mit Besorgnis aufgenommen, da sie die Gefahren sehen, die eine solche Arbeit für die Dynamik der Übertragung und Gegenübertragung mit sich bringt. Viele haben Mühe, an so etwas wie eine gefahrlose Berührung zu glauben.

Die meisten von uns sind benachteiligt, wenn es um unsere Körperlichkeit geht. Wir lernen erst allmählich, die Botschaften unseres Körpers zu achten. Wir zittern vor Angst beim Gedanken, daß unsere Hüften und Knie lang vergessene Erinnerungen enthalten, die durch Berühren freigesetzt werden können.

Während Hunderten von Jahren wurde uns im Westen gelehrt, den Körper zu verleugnen. «Der Geist siegt über die Materie» ist ein althergebrachter Grundsatz. Zusammen mit dem Körper wurde auch die wahre Körperweisheit ignoriert oder geleugnet. Jede Zeitschrift gibt uns Ratschläge, wie wir unerwünschte Pfunde loswerden können. Das Ergebnis ist, daß der Körper und seine Funktionen im allgemeinen in den Schatten des Lebens verbannt und als dunkel, möglicherweise sogar als böse betrachtet wurden. Jung formulierte es so:

«Der Körper ist ein sehr zweifelhafter Freund, denn er bringt Dinge zum Vorschein, die wir gar nicht schätzen; es gibt zu vieles, was den Körper betrifft, worüber man nicht sprechen kann. Er ist häufig die Verkörperung des Ich-Schattens. Manchmal ist er der ‹dunkle Punkt›, den natürlich jeder gern loswerden möchte.» [110]

Wir brauchen unser animalisches Selbst, unsere aus Knochen, Muskeln und Instinkten bestehende Körperlichkeit, um auf unserem Planeten zu überleben. Man mag sich wundern, wieso unsere Gesellschaft so gegen den Körper eingestellt ist, als ob er eine Krankheit wäre, gegen die wir ankämpfen müssen. Nochmals Jung:

«Sind wir noch immer in der alten Idee einer Antithese von Geist und Materie gefangen, liegt im gegenwärtigen Zustand ein unerträglicher Widerspruch. ... Können wir uns jedoch mit der mysteriösen Wahrheit versöhnen, daß der Geist der lebende Körper von innen her gesehen ist, und daß der Körper die äußere Manifestation des lebenden Geistes ist – das heißt die zwei sind in Wirklichkeit eins –, dann können wir verstehen, wieso man im Streben, über die gegenwärtige Bewußtseinsstufe hinauszuwachsen, indem man das Unbewußte akzeptiert, den Körper ehren muß.» [111]

Wir können annehmen, daß mit dem Verschwinden der alten, mehr matriarchalen Religionen auch der Körper entwertet wurde. In meiner Fantasie stelle ich mir vor, daß die Menschen am Anfang die Erde und die Elemente verehrten, sich Geschichten erzählten, ein Gefühl der Ehrfurcht hatten und die Einheit aller Dinge sahen. Es gab keine Trennung zwischen dem Körperlichen, dem Geistigen und dem Spirituellen und keine Individuen. Alles war eins, und mit der Zeit stellte man sich diese Einheit als Mutter vor, die Große Mutter, die alles Leben in ihrem riesigen Körper enthielt. Leben und Tod wurden aus den Höhlen – ihrer Gebärmutter – geboren. Ihre vollen Brüste gaben Nahrung. Ihre riesigen Beine, ihr Hinterteil und ihr Torso bildeten die Berge und Hügel der Erde. Sogar der Himmel war ihr Bauch. Jede Zelle ihres gigantischen Körpers enthielt ihre Botschaften und ihre Geschenke.

Dann kam jedoch eine Zeit in der Entwicklung der Menschheit, in der man sie als separates Wesen zu betrachten begann, das sich vielleicht sogar periodisch zurückzog, wie eine Mutter, die zeitweise gezwungen ist, ihr Kind zu verlassen. Bilder und Statuen von ihr begannen sich als «Übergangsobjekte» zu verbreiten, um die Menschen zu trösten, wenn sie die Gegenwart der Großen Mutter nicht mehr länger in der Welt und in ihren Knochen fühlten. Genau wie das Verlassenwerden eine beängstigende Erfahrung für ein Kleinkind ist, das sich eng mit seiner wirklichen Mutter verbunden erfährt, verursachte die Abwesenheit der Großen Mutter großen Aufruhr in der Geschichte der Menschheit. Wie ein Säugling, der Abwesenheit als Tod erlebt, so ging die Menschheit durch eine Phase, in der die Göttin tot war. In der Zeit, in der die Große Mutter abwesend war, begannen die Menschen zu glauben, daß die Welt und die Mutter nicht immer eins seien. Manchmal waren sie und die Mutter zwei. Manchmal waren sie und andere Dinge zwei.

Als dies geschah, stieg ein unbewußtes Bedürfnis empor, die ursprüngliche Einheit zu verbannen oder zu töten, so daß die «Zweiheit» entstehen konnte. Man begann, die Große Mutter als die dunkle, erstickende, alles verschlingende Andere – als Ungeheuer – zu sehen. Man brauchte einen Helden, der sie bekämpfte und bezwang, worauf die Mythen des Drachen- oder des Schlangentöters entstanden. Während Jahrhunderten versuchte man mit schrecklichen Säuberungsaktionen, die kollektive Psyche von der Verehrung der alten Göttin zu reinigen, die den weiblichen Körper als Matrize achtete, in der es keine Trennungen gab. Die Furcht vor dem Unbewußten wurde in Form von Sirenen, Verführerinnen, Hexen und der verschlingenden Mutter auf diesen Körper projiziert.

Der mentale und spirituelle Aspekt spaltete sich vom Körper ab, in der Hoffnung, daß der heroische Geist über die Materie siegen würde. Neue Religionen wie die jüdisch-christliche Tradition, die wir nun patriarchal nennen, entstanden, um die Menschheit von der unbewußten Identifikation mit der Mutter wegzuführen. Und wie der Vater das Kind aus seiner frühen, unbewußten Verbindung mit dem Mütterlichen hinausführt, «um es an die äußere Welt zu erinnern» [112], so machte auch die westliche Menschheit eine Entwicklung durch, die sie symbolisch aus dem Garten Eden – aus der Matrize des kollektiven Unbewußten – auf eine neue Stufe des Bewußtseins führte, auf der Geist und Körper weit voneinander entfernte Pole waren. Sünde wurde weniger als Begierde nach Bewußtsein, denn als Verführung durch Sexualität betrachtet. Wären Physis, Materie, die Große Mutter oder Eva nicht gewesen, dann würden wir vielleicht alle glücklich als körperlose Geister ohne die Last des Fleisches und der weltlichen Gelüste umherfliegen!

Weil das Ungeheuer des Fleisches «absterben» mußte, mußte man die Frauen unterdrücken, vor allem die mächtigen weisen Alten, denn sie waren die uralten Stammesmütter, die die archetypischen Projektionen der «weisen, alten Großen Mutter» trugen; sie kannten die Mysterien, wie Leben in den Körper kam und aus ihm wegging, sie konnten Leben geben und nehmen.[113]

In Griechenland hieß das archetypische Bild dieser weisen Alten Hekate, Königin der Toten, Große Hebamme von Geburt, Tod und Wandlung. Andere Göttinnen trugen die gleichen Projektionen. Sogar Hera, die Königin des Himmels im griechischen Pantheon, galt als jemand, der den Tod brachte. In Deutschland wurde diese Figur Hel oder Angurboda genannt, ihre Hunde trugen die Seelen der Toten weg, gleich wie Anubis in Ägypten. In der ganzen Welt wurde sie gefürchtet und bekämpft, jedoch nie besiegt. Sie stieg immer wieder von neuem aus dem Unbewußten empor. Sie konnte nicht zerstört, sondern nur in verzerrte, gefährliche Bilder verwandelt werden. Die Frauen jedoch, die ihr treu blieben, konnten auf methodische Art eliminiert werden. Die Verfolgung fand ihren Höhepunkt in den Hexenjagden des Mittelalters und wird auch heute noch in subtilerer Form weitergeführt – durch die Unterwerfung der natürlichen Kräfte, durch die Vergewaltigung des Landes und durch die Verschmutzung der Meere.

Trotz allem macht sich heutzutage ein wachsendes Interesse nicht nur am Körper der Großen Mutter – der Welt und den Schätzen, die sie in sich trägt –, sondern auch am menschlichen Körper bemerkbar. Viele Leute haben ein tiefes Interesse an dem, was in ihrem Körper vor sich geht, und suchen nach Wegen, die Spaltung zwischen der Muttergöttin, die den verkörperten Reichtum der ganzen Natur enthält, und dem Vatergott, der uns zu einem spirituelleren Bewußtsein dieser Natur führt, zu heilen. Immer mehr Analysanden kombinieren irgendeine Art Körpertherapie mit der Analyse. Analytiker beginnen zu erkennen, wie wichtig Berührung, geschehe sie körperlich oder in der Imagination, für unser Wohlbefinden sein kann. Hyemeyohsts Storm schreibt:

«Berühren und fühlen heißt erfahren. Viele Menschen verbringen ihr ganzes Leben, ohne je wirklich zu berühren oder von etwas berührt zu werden. Diese Menschen leben in einer Welt des Geistes und der Imagination, die ihnen manchmal Freude, Tränen, Glück oder Leid bringen mag. Doch diese Menschen berühren nie wirklich. Sie leben nicht und werden nicht eins mit dem Leben.

… Die sechs Großväter lehrten mich, daß jeder Mann, jede Frau und jedes Kind einmal eine lebende Kraft war, die irgendwo in der Zeit und im Raum existierte. Diese Kräfte waren formlos, doch sie hatten Bewußtsein. Sie lebten.

… Diese lebendigen Medizinräder waren fähig, fast alles zu tun. Sie waren in jeder Hinsicht schön und perfekt – bis auf eins: Sie hatten kein Bewußtsein für Grenzen, keine Erfahrung der Substanz. … Sie wurden auf diese Erde gebracht, damit sie durch Berühren die Dinge des Herzens lernen.» [114]

Körperliche Berührung ist die konkrete Verwirklichung der Verbindung zwischen Seele und Geist. Beide nehmen auf diese Art Form an. Die meisten Therapeuten erkennen, daß es einen Augenblick gibt, in dem die beiden auf psychische Weise zusammenkommen. Im analytischen Bereich wird dieses Berühren der Seelen mißbraucht, wenn es auf sexuelle Weise ausgedrückt wird. Es wird auch dann mißbraucht, wenn es der Therapeut aus Angst falsch anwendet. Die analytische Beziehung mit Eros zu durchfluten, ohne ihn auf eine persönliche Ebene zu bringen, erfordert Achtung der Grenzen durch den Analytiker und Vertrauen von seiten des Analysanden. Wenn der nichtkörperliche Kontakt mit der Integrität von wahrer *agape*-Liebe gehandhabt wird, wirkt er oft viel tiefer als die Berührung selbst und kann größere Heilkraft haben als die tiefste Einsicht. Zusammensitzen, wenn Eros voll da ist, ihn halten, ohne ihn körperlich auszudrücken, mag nur einen Moment lang dauern, doch hinterläßt die Erfahrung einen tiefen Eindruck in beiden analytischen Partnern. Sie erfahren, was es heißt, innerlich berührt zu werden.

Für Leute, die in Körpertherapie geübt sind und die Grenzen kennen, kann körperliche Berührung Teil der Analyse sein.[115] Die anderen können statt dessen mit Körperbildern und -symbolen arbeiten, was eine Therapie außerordentlich bereichern kann. Mit älteren Analysanden kann diese Art Arbeit besonders dankbar sein, da der Körper das nötige Vertrauen zu entwickeln beginnt, um seine Botschaften freizugeben. Leider werden viele der körperlichen Informationen, die wir im täglichen Leben und bei den täglichen Gewohnheiten erhalten, falsch verstanden. Berührung ist eine der körperlichen Botschaften, die am häufigsten mißverstanden wird. Viele von uns lernten, intime Berührung nur auf sexuelle Weise zu interpretieren. Wir vergessen oft, daß bildhaftes Berühren eine oft ebenso starke Wirkung haben kann wie die Berührung von Körper zu Körper. Heutzutage kennen wir den Gott Eros meist in seiner sexuellen Gestalt, doch ehren wir ihn in Beziehungen als Libidostrom, der unsere tiefe Verbindung mit andern belebt.

Es ist faszinierend, die Botschaften des Körpers im Übergangsbereich der therapeutischen Imagination zu studieren, wo das Erkennen und Imaginieren der eigenen körperlichen Reaktionen und der anderer Menschen ebenso natürlich geschieht wie das Verfolgen von Gedanken und Träumen. Es handelt sich dabei nicht um ein neues Vorgehen, das sich Analytiker ausgedacht haben. Es ist eine uralte Methode, die von Schamanen seit Jahrhunderten angewandt wird. In Jamaika betet und meditiert Mutter Syckie mit Menschen, die sie um Hilfe bitten. Sie öffnet sich, bis sie zu fühlen beginnt, was ihr Patient fühlt. Wenn dies geschieht, beginnt sie die starken Gefühle oder Empfindungen, die im «interaktiven» Feld enthalten sind, in ihrem eigenen Körper und ihrer eigenen Psyche zu erleben. Hat ihr Patient zum Beispiel ein Problem mit den Augen oder den Ohren, so spürt sie es in ihrer eigenen Sehkraft oder ihrem Gehör. Manchmal ist eine solche somatische Übertragung sehr schmerzhaft und schwächend. Mutter Syckie gesteht, daß es oft sehr schwer ist zu unterscheiden, was zum Patienten und was zu ihr gehört. Sie weiß jedoch, daß dieses Aussortieren eine Aufgabe des Heilers ist; es ist eine Herausforderung, die wir auf uns nehmen müssen, wollen wir andern helfen.

Gehen wir unsere analytische Arbeit auf diese Weise an, verankern und bereichern wir sie ganz besonders. Übertragung und Gegenübertragung drücken sich mit der Zeit in einer stillen, somatischen Sprache aus. Anstatt die starken Energien einer Beziehung auf körperliche Art auszudrücken, entdecken wir, wie befriedigend es ist, sie in unserem eigenen Körper und in unserer Imagination zu halten. Dies fordert, daß der Analytiker oder die Analytikerin die eigenen Körperreaktionen vor, während und nach jeder Therapie überprüft. Oft muß er (sie) immer intensiver werdende Bilder halten und mit größter Sorgfalt die Zeit auswählen, wann der Austausch solcher Bilder hilfreich und richtig ist.

Rachel, eine Frau auf dem Weg in die späte Übergangszeit, war eine tüchtige Berufsfrau mit einem starken Animus. Wie sich in unserer gemeinsamen analytischen Arbeit eine positive Übertragung zu entwickeln begann, bat sie mich am Ende jeder Therapiestunde, sie zu umarmen. Als sich dies zu einem Ausagieren zu entwickeln schien und ich damit aufhörte, fühlte sie sich vernachlässigt und ungeliebt. Es war wie ein Echo des Verlassenwerdens in der frühen Kindheit, das starken Schmerz verursachen konnte und sie in eine alte Abwehrhaltung zwang. Sie stellte den Affekt ab und gebrauchte nur den Intellekt, ihr kompetentes Selbst. Wir waren an einem Engpaß angelangt.

Während Wochen dominierte ihr sprachgewandter Animus unsere Stunden. Ich fühlte ihre Entschlossenheit, mich schwach zu machen. Oft schien es, als ob wir beide etwa zwei Fuß über unseren Stühlen schwebten oder wie gefangene Vögel durchs Zimmer flatterten. Ich fühlte das ganze Ausmaß ihres verzweifelten Bedürfnisses, gehalten und umfangen zu werden. Während Wochen kämpfte ich mit meiner eigenen Reaktion, meinem Wunsch nachzugeben, alles wieder gutzumachen, zur fürsorgenden Mutter zu werden, die all ihre Bedürfnisse erfüllt.

Schließlich hatte sie folgenden Traum:

In einem warmen Zimmer ziehen eine Therapeutin, die meine Freundin ist, und ich eine Lage Winterkleider nach der andern aus, bis wir nackt sind und uns Körper an Körper gegenüberstehen und auf intimste Weise miteinander sprechen. Solange wir so miteinander verbunden sind, fühle ich, daß ich ihr alles sagen kann und sie es versteht. Im Traum fühlt sich dies ganz natürlich an. Sobald ich jedoch erwache, habe ich das Gefühl, daß es schwierig sein wird, diesen Traum zu erzählen.

Was sollen wir mit diesem Traum anfangen? Auf den ersten Blick scheint er wie eine offenkundige Bitte um genau das, was ich nicht geben will. Ich wünsche mir sehr, nicht mit ihm arbeiten zu müssen. Wie das Umarmen ist er ein zu heißes Eisen. Ich bin versucht, den Traum ohne Kommentar einfach zu ihren Akten zu legen. Doch ihre Psyche zeigt mir ein Bild ihres verzweifelten Bedürfnisses nach Nähe. Sie will, daß wir nackt sind und nichts verbergen. Sie will ihre eigene Verkörperung fühlen, indem sie sich meiner nähert. Auch sucht sie nach der Verschmelzung des Kindes mit der Mutter, bei der das Kind sich an die Brust der Mutter drückt, ihren Atem und Herzschlag spürt, wie wenn es sein eigener wäre, und seinen Körper erlebt, indem es denjenigen der Mutter fühlt.

Wenn wir keine bildhafte Metapher für das Sehnen und die Emotion von Rachel hätten, könnten wir beide in ihrer Sehnsucht «nur» die Sexualität sehen. Eros machte sich in unserer Beziehung stark bemerkbar, wie es oft der Fall ist, wenn die Arbeit uns ins Gebiet des wahren Berührens zieht. Die erotischen, sich umarmenden Figuren, die die Tempel Indiens schmücken, zeigen die erste Stufe der *coniunctio,* das auf sexuelle Art ausgedrückte tiefe psychische Sehnen nach Vereinigung. Die weisen Alten jener Kultur wußten dies und verwiesen den sexuellen Akt an den Ort, wo er hingehörte, das heißt außerhalb der Mysterien, auf die erste und verlockendste Stufe des Erleuchtungsprozesses.

Statt die Anziehungskraft zwischen uns zu leugnen oder davon wegzulaufen, beginnen Rachel und ich die Bedeutung des Traumes mit Körperimaginationen zu erforschen. Wir sprechen über das «Gefäß», in dem unser Zusammenkommen stattfindet. Wir unterhalten uns darüber, wie wir die Integrität dieses Gefäßes bewahren und der Vereinigung, die bildhaft darin Gestalt anzunehmen versucht, treu sein können.

Ich fange an, meinen eigenen Körper vor jeder Therapiestunde zu prüfen, indem ich mich frage: Wo fühle ich Spannung? Wo spüre ich ein Zucken oder einen Schmerz, eine Gefühllosigkeit oder das Bedürfnis, meine Position zu ändern? Während der ganzen Sitzung versuche ich, auf meine Reaktionen zu achten. Was fühle ich in meinem Körper, wenn Rachel in einem «Animusverhalten» ist? Wenn sie Verbindung mit ihrem eigenen Affekt aufnimmt, trägt ihn mein Körper dann auch? Ich entdecke, daß ich, wenn wir uns wirklich tief verbunden fühlen, nicht nur eine sexuelle Reaktion spüre, sondern auch extrem unruhig werde. Diese Reaktion gehört zu mir. Sie gehört auch zu ihr, denn sobald wir uns im bildhaften Sinne «berühren», indem wir in einer intimen psychischen Verbindung Energie austauschen, fühlt sie sich ebenfalls extrem unruhig. Wenn ich sie nach Bildern frage, stellt sie sich vor, sie falle in die dunklen Orte ihres Körpers, und spürt es als Gleiten auf einer Rutschbahn in einen Kohlenbehälter hinein. Es ist zugleich ein Angstgefühl, ein Traum und eine Kindheitsfantasie. Der Schmerz und die Furcht vor dem Ersticken in all dieser Kohle bringt einen Affekt zum Vorschein, der tatsächlich während eines großen Teils ihres Lebens auf dem Boden eines tiefen Schachtes lag – ihre weibliche Energie, begraben in versteinerter Form.

Allmählich bewegen wir uns auf eine neue Phase der Analyse zu, wobei wir jedoch unsere körperlichen Reaktionen noch immer aufmerksam beobachten, vor allem was die Übertragung und die Gegenübertragung anbelangt.

Eine solche Arbeit nimmt offensichtlich bei jedem Analysanden eine andere Form an. Auf diese Weise mit dem Körper zu arbeiten, führt ihn und den Analytiker fast immer in sehr tiefe Bereiche. Für einen Analysanden war dies die Tiefe einer Höhle. Ein anderer stieg viele Leitern hinunter und kam zu einer Öffnung, die ins Meer führte. Für einen dritten war es eine Öffnung tief in der Erde, in den Wurzeln des Weltenbaumes. In jedem Fall handelte es sich um einen Abstieg, der zu einem Erlebnis der Verkörperung und Wiederverbindung mit der Erde und den Kindheitsvorstellungen führte. Eine Frau sagte es treffend, als sie ausrief: «Als Kind wurde mir immer gesagt, ich sei zu fantasievoll, und so vergrub ich es. Nun fühle ich mich, als ob ich einen Schatz entdeckt hätte.»

Im Falle einer Krebspatientin, die in den frühen Stadien ihrer Therapie Distanz nötig hatte, nahmen wir ein Sandspiel zu Hilfe, um die Körperimagination zu erleichtern. Nach und nach war es möglich, eine Beziehung herzustellen zwischen dem Inhalt des Sandkastens und dem, was in ihrem Körper vor sich ging, dem körperlichen und emotionalen Schmerz, den sie fühlte. Schmerz ist tatsächlich eine der stärksten Botschaften des Körpers, und trotzdem geben wir riesige Summen Geld aus, um ihn loszuwerden. Eine der wichtigsten Aufgaben älterer Menschen ist es, ihren Knochen, Sehnen und Zellen zu erlauben, diesen Schmerz wie auch die Wut und die Trauer, die der Körper aufbewahrt hat, auszudrücken. Für den Menschen, der seine Imagination vernachlässigt hat, ist dies eine lange, langsame Arbeit und keine Schnelllösung. Alfred Ziegler schreibt darüber:

«Wird [Krankheit] behandelt, indem die Symptome bekämpft werden, zeigt die Erfahrung, daß wir mit bedeutend mehr Rückfällen und Komplikationen rechnen können, als wenn die Krankheit respektiert wird. ... die Krankheit will uns etwas sagen!»[116]

Körperliche Symptome müssen oft durch eine medizinische Behandlung gelindert werden. Nur allzuoft jedoch wissen wir nicht oder vergessen, daß sie auch symbolische, wenn nicht sogar psychosomatische Botschaften sein können: Wir unterdrücken sie, bis sie so pathologisch werden, daß wir sie bemerken. Hören wir auf unseren alternden Körper und seine Schmerzen, indem wir uns den Symptomen gegenüber offen verhalten und sie achten, können wir oft Erstaunliches vernehmen. Wir werden aufgefor-

dert, in unser körperliches Wesen hinunterzusteigen, uns
Zeit zu nehmen, um uns zu erholen und auf das Selbst
zu hören. Die innere Weisheit, die durch unseren Körper
spricht, weist vielleicht auf neue Aufgaben hin, die auf uns
warten.

Wie können wir diese Kommunikation erleichtern?
Eine Methode ist, auf Träume zu achten. Wenn wir
Traumbilder, die aus dem Körper zu kommen scheinen
oder etwas über den Körper sagen, amplifizieren und auf
den Affekt achten, den sie erzeugen, öffnen wir den Weg
zur Verständigung auf manchmal ganz unerwartete Weise.
Sind wir willens, die Ideen und Bilder, die das Selbst widerspiegeln, auszudrücken, scheinen wir im Unbewußten
irgendwie Energie freizusetzen. Eine weitere Methode ist,
während einer Therapiestunde auf Körperreaktionen und
Gesten zu achten. Die Körpersprache ist besonders wichtig, denn oft drückt der Körper – manchmal ganz unbewußt – etwas anderes aus, als die Worte sagen. Unbewußte
körperliche Kommunikation ist ein Gebiet, dessen Erfor-
schung uns allen großen Nutzen bringen könnte. Ron
Kurtz und Hector Prestera schreiben zu diesem Thema:

«Für diejenigen, die sehen und verstehen können, spricht der
Körper klar und deutlich, indem er uns den Charakter und
die Lebensart einer Person enthüllt. Er enthüllt vergangene
Traumen und die gegenwärtige Persönlichkeit, ausgedrückte
und unausgedrückte Gefühle.» [117]

«Auf der tiefsten Stufe ist bei Veränderungen *immer* der Körper beteiligt. Eine neue Einstellung bedeutet neue Auffassun-
gen, neue Gefühle und neue muskuläre Muster. Psychische
und physiologische Veränderung gehen Hand in Hand. Da
unsere tiefsten Traumen in unseren Eingeweiden und Mus-

keln eingebettet sind, müssen wir, um uns zu befreien, unseren Körper befreien.» [118]

Jungs Technik der aktiven Imagination hilft mit, den Körper zu befreien, damit er uns über die sich im Werden befindende Entwicklung und Wandlung Auskunft geben kann. [119] Die Anwendung dieser Methode kann auf den alternden Patienten eine starke Wirkung ausüben, vor allem, wenn sich seine oder ihre Fähigkeit, körperliche Reaktionen in Bilder umzusetzen, zu entwickeln beginnt. [120] Gewöhnlich setzt dies voraus, daß man losläßt, und die Energie ins Unbewußte fließen läßt, wodurch die transzendente Funktion aktiviert wird. Für viele von uns ist dies eine Erfahrung, bei der wir uns den unbewußten Bereichen unseres körperlichen Wesens und der alten Materie, die in unseren Zellen aufbewahrt ist, öffnen. So kann das, was darin gelagert ist, auf körperliche Weise und mit Hilfe der Imagination aus der «Fleisch-und-Knochen-Datenbank» befreit werden.

Die Traumen und die Triumphe, die der Körper während einer langen Reihe von Lebensereignissen gelagert hat, mit Hilfe der Imagination neu zu bearbeiten, ist ein höchst wichtiger Schritt auf dem Weg zur psychischen Integrität.

6. Aktive Imagination: Der Drachenkörper

Meg, eine ältere Frau, von Beruf Tänzerin und Sängerin, kam eines Tages mit einer akuten Bronchitis in die Therapie. Sie hatte ein beklemmendes Gefühl in der Brust und einen tiefen, quälenden Husten. Sie fühlte sich erschöpft und krank, innerlich wie äußerlich, und vom Körper und von der Psyche abgeschnitten. Ihre Träume schienen eingetrocknet zu sein. «Ich wäre zu Hause geblieben», sagte sie, «aber ich fühlte mich zu verlassen.»

Da sie sich während ihrer mehrjährigen Analyse stark mit Traumarbeit und aktiver Imagination beschäftigt hatte, entschloß sie sich, sich in ihre Symptome hineinzuversetzen. Als sie sich in ihrer Vorstellung in ihre Brust und ihren Hals begab, kam sie bald zu einer Brücke, die sich über ein loderndes Feuer in ihrer Lunge wölbte. Sie fühlte die intensive Hitze des Feuers, das immer stärker wütete und innerhalb der Lunge und den Bronchien fast nicht Platz hatte.

Als mir Meg dieses Bild beschrieb, sah ich gleichzeitig Claire – die Patientin, die im zweiten Kapitel erwähnt wurde. Diese litt unter chronischem Bronchialasthma, das außerordentlich beunruhigende und schwächende Symptome bewirkte. Ich fühlte sofort eine Verbindung zwischen ihrem und Megs Leiden. Im Zeitraum von mehreren Sitzungen, in denen Meg ihr Bild festhielt und wartete, was geschehen würde, verglichen mehrere meiner jüngeren Patientinnen – eine nach der anderen – Schmerz,

128

Depression und Einsamkeit mit einem «dunklen Loch in der oberen Brust».

Im östlichen symbolischen System des Kundalini[121] wird das Energiezentrum der Brust als Herz-Chakra bezeichnet. Dort beginnen wir das Ich in Beziehungen zu andern zu erfahren. Das Hals-Chakra, das etwas darüber liegt, ist der Bereich, wo wir uns ausdrücken, wo wir sagen, was gesagt werden muß, vor allem über unsere Beziehung zum Selbst. Es ist auch der Ort, wo Kopf und Körper miteinander verbunden und aufeinander bezogen sind.

Wie es manchmal geschieht, wenn Analytiker und Analysand sich in der Imagination im gleichen therapeutischen Gefäß befinden, erkrankte ich nach kurzer Zeit ebenfalls an einem Bronchialhusten, der so ernst war, daß ich die Therapiestunden unterbrechen mußte und mir und meinen Patientinnen Kummer machte. Durch die Synchronizität all dieser Ereignisse wurde ich immer wieder an Megs Bild erinnert. Ich kämpfte mit einer starken, somatischen Gegenübertragung, die mir den Eindruck gab, ich stehe auf derselben Brücke und schaue in das gleiche Feuer in meinen eigenen Lungen. Was versuchte uns die Psyche mit so viel Mühe mitzuteilen? Wie konnten wir ihr antworten?

Vor vielen Jahrhunderten imaginierten die Tantra-Yogis im Osten den Körper als somatisches und psychisches Wesen. Sie gaben dem, was westliche Psychologen als den dem Körper/Seele-Bewußtsein zugrundeliegenden Archetyp bezeichnen würden, die Gestalt einer schlafenden Göttin, der Devi Kundalini. Ihre Energie sahen sie als verschlungene, schlafende Schlange, die in der Tiefe des

Perinaeums am Ende der Wirbelsäule lag. Über Jahrhunderte hinweg kodifizierten diese östlichen Yogis ihre eigenen Erfahrungen vom Erwachen und Emporsteigen der Schlangenenergie während der Meditation und der geistigen Übungen in einer außerordentlich künstlerischen Bildsprache. In der ersten einer Serie von Vorlesungen über Kundalini-Yoga, die J. W. Hauer zusammen mit Jung in den frühen dreißiger Jahren hielt, bezeichnete Hauer die Vielfalt, in der die Yogis das Geschehen beschrieben, als

«... das Erfassen gewisser fundamentaler Prozesse des Menschwerdens, so eigenartig, so tief, so absolut unbeschreibbar, daß die Hilfe eines Symbols nötig war, um sie zu erklären, damit sie den kommenden Generationen weitergegeben werden konnten. Zuerst wird die innere Wirklichkeit erfaßt, dann wird das Symbol verwendet, um sie in der Imagination auszukristallisieren, und [erst] dann folgt die eigentliche Meditationsübung der sechs Chakren.» [122]

Hauer beschreibt die Chakren als ein uraltes Konzept «mystischer Kreise» im Körper und in der Seele des Menschen.[123] Diese Kreise, oft als Sphären bezeichnet, sind spezifische Zentren im *Körper,* wo die Yogis eine Energieumwandlung erfuhren. Ich schreibe *Körper* kursiv, weil Körper und Chakren gleichzeitig körperlich und auch nichtkörperlich sind. Gewöhnlich spürt man sie im physischen Körper, manchmal als langsames Erwärmen, manchmal auch als Energiestrom, der ziemlich schmerzhaft sein kann. Wer aktive Imagination in der Psyche wie auch synchronistisch in der äußeren Welt erlebt hat, versteht, daß diese Ereignisse sich nicht allein auf den menschlichen physischen Körper oder auf die persönliche Psyche beschränken.

Wenn die Göttin Kundalini «erwacht», steigt sie durch die mystischen, imaginalen Sphären – die Chakren – empor und befruchtet und belebt alle damit verbundenen Teile des Körpers und der Seele. Manche haben die Devi Kundalini als «Energie» bezeichnet. Sie wird meist als Schlange dargestellt, die durch einen von drei miteinander verflochtenen Kanälen (die sehr stark an den westlichen medizinischen Caduceus erinnern) emporkriecht. Hauer spricht von der im Werden begriffenen Kundalini, die «im ganzen Bereich der weiblichen Macht wartet». Als Weisheit «wartet sie immer, jedoch schlafend; doch sie schläft nicht als tote Materie, sondern sie schläft wie das summende Wesen, das ein Beben verursacht, das das ganze Universum durchdringt» [124]. Die Chakren, durch die sie emporsteigt, werden oft durch Mandalas dargestellt, jedes mit einer eigenen Farbe, einem spezifischen Tier, einem eigenen Klang, einem eigenen Namen und einer besonderen Beschreibung.

Die erste Sphäre heißt *muladhara*-Chakra. Es ist das unterste Chakra. Hier schläft die Göttin in den Wurzeln des Rückgrat-Baumes, wo alles undifferenziert, unbewußt und formlos ist. Dies kann als archetypisches Fundament betrachtet werden, geprägt, aber nicht aktiv. Nach Jung ist das Wesen des *muladhara* «vollständige Unbewußtheit, vollständige mystische Identität mit dem Objekt, keinerlei Differenzierung» [125].

Das zweite Zentrum, durch das die Energie emporsteigt, ist *svadhisthana*, das Wasser-Chakra. Jungs Beschreibung des kollektiven Unbewußten scheint mit dieser Sphäre übereinzustimmen. Es ist das Meer, das alles Leben enthält, der Ort, wo der «Fisch der unentwickelten Inhalte» in den Tiefen schwimmt. Es ist die geheimnisvolle Tiefe, wo man ertrinken kann oder wieder geboren wird oder beides. Man findet es in der Region der Genitalien. Zwischen diesem und dem nächsten Chakra scheint der Ort zu sein, wo der Mond aufgeht und ein lunares Bewußtsein entsteht, das intuitiv, aber noch nicht voll bewußt ist.

Manipura im Bereich des Solarplexus ist das dritte Chakra. Es ist das Feuerzentrum, der Ort, wo die Dinge, die ins Bewußtsein emporsteigen, zu kochen beginnen. Jung nennt es die Küche und beschreibt es auch als Ort, «wo die Sonne aufgeht»[126]. Wir können es als Bereich verstehen, in dem das persönliche Unbewußte beginnt. Zwischen *manipura* und dem nächsten Chakra liegt «ein kleiner Seitenweg, der zu einem Altar führt, wo alte Ich-Ziele geopfert werden müssen, wenn man weitergehen will»[127], wie M. Esther Harding es beschrieb.

Anahata, die vierte mystische Sphäre, ist der Ort, wo man den Puls des Lebens fühlt und wo die Flamme des Bewußtseins als individueller Lichtfunken zu brennen beginnt. Dies ist die Region, in der man Anspruch auf seine eigenen Gefühle erhebt und sie zu unterscheiden beginnt. «Ja, ich bin schlecht gelaunt.» «Ja, ich bin in einem Komplex gefangen.» Es ist das Herz-Chakra. Jung nennt es «das Zentrum, wo psychische Dinge beginnen, das Erkennen von Werten und Ideen»[128]. In *manipura* sind wir identisch mit dem Körperlichen. Es herrscht wenig Differenzierung zwischen dem Selbst und dem andern. In *anahata* beginnen wir, das Psychische zu verstehen und zu erkennen, daß wir nicht gleich wie andere sind, obwohl wir uns gleichen. Wir sind in der Lage, die Imagination zu gebrauchen.

Das fünfte Chakra, *visuddha*, ist der Bereich des oberen Brustkorbs und des Kehlkopfs. Arnold Mindell beschreibt dieses Zentrum wie folgt:

«*Visuddha* liegt im Hals-Plexus. Dies ist das Zentrum der ‹Reinigung›, das als Äther, Luft, Wind und als Türe, die ohne Grund hin- und herschwingt, bezeichnet wird. Typische Probleme, die von vielen Autoren mit diesem Zentrum in Zusammenhang gebracht werden, sind Depression und Sprachschwierigkeiten. Die Stimme wird leicht von der Persona oder der sozialen Maske gestört, da die natürlichen Töne der Stimme oft nicht mit der Wirkung, die man erreichen will, übereinstimmen.» [129]

Nach Jung nähern wir uns *visuddha*, wenn wir andere als Spiegel erleben, in denen wir unsere Projektionen erkennen. Entdecken wir, daß unsere subjektive Erfahrung bestimmt, wie wir andere sehen, und daß andere oft «Haken» sind, «an die wir unsere eigenen Kleider hängen», dann befinden wir uns auf dem Weg zu *visuddha*. Wenn wir glauben, daß die Welt Substanz ist, und nicht wissen, daß Tische, Stühle oder Türen Moleküle in Bewegung sind, dann befinden wir uns noch immer in *manipura* oder *anahata*. In *visuddha* sind wir wie die Gazelle, «ein Tier der Erde, doch fast von der Anziehungskraft der Erde befreit» [130].

Die zwei letzten Chakren – *ajna*, ein Symbol für das dritte Auge, und *sahasrara*, der tausendblättrige Lotus mitten auf dem Kopf, ein Bild der Erleuchtung – sind gemäß Jung für die meisten Menschen im Westen kaum faßbar.[131]

Nachdem Meg und ich über Kundalini gesprochen hatten, arbeiteten wir mittels aktiver Imagination am Bild des Feuers in der Lunge. Sie fuhr damit zu Hause fort, und nachdem sie Antibiotika genommen hatte, erholte sie sich. Als sie das Feuer in ihren Atemwegen als Wut identifizierte, begann sie, in ihrer Familie, an ihrem Arbeitsplatz und in ihrer Arbeit mit mir einige Dinge zu äußern, die gesagt werden mußten, über die sie sogar streiten mußte. Bei ihr hatten die Symptome ihren Zweck erfüllt, und sie konnte sich mit andern Problemen beschäftigen. Mir jedoch blieben Symptome und Bild. Während Wochen stand ich innerhalb meines bildlichen Körpers immer wieder auf einer Brücke über meinen Lungen, in deren Tiefe ein rotes, heißes Feuer loderte. Es war, als ob sich in meiner Brust die Hölle befände. Mein Husten wurde schlimmer, und ich hatte Fieber, war müde und gezwungen, mich auszuruhen.

Plötzlich traf es mich eines Morgens bei der Meditation wie ein Blitz: Ich erkannte, daß ich mich im Körper eines uralten Drachen befand! Das Feuer war der Atem des Drachen. Mein Traum-Ich stand auf einer Brücke über einem Inferno in den Lungen eines Drachen. Etwas Archaisches, Fantastisches und Mächtiges tobte in mir, und selbst wenn ich es in mir enthielt, war ich doch auch in ihm enthalten. Welchen Schatz beschützte es in meiner Brust und meinem Hals?

Als ich darüber nachdachte, erinnerte ich mich an ein Gespräch, das ich vor einigen Jahren mit einer Freundin geführt hatte. Sie war eine Frau mit wenig Schulbildung, die jedoch tief mit dem Leben verbunden war. Eines Tages, als wir zusammen Kaffee tranken, sagte sie zu mir:

«Heute morgen kam es mir beim Aufwachen plötzlich in den Sinn, wie erstaunlich es ist, daß ich nicht einmal mein Herz in Bewegung setzen mußte! Es geht ganz von alleine. Es scheint wie ein Wunder, findest du nicht auch? Ich muß nicht einmal auf einen Knopf drücken, damit meine Lungen zu atmen beginnen. Ich muß nicht sagen: ‹Okay, Magen, fang an, das Essen zu verdauen.› Ich muß nicht einmal daran denken. Es geschieht einfach!»

War der Drache, in dem ich mich befand, ein Teil von dem, was «einfach geschieht»? Wenn ich in diesem Drachen war, war ich dann irgendwie von dem belebt, was Thanatologen «das Schlangenbewußtsein» im unteren Teil des Gehirns nennen, das den Körper am Leben erhält, lange nachdem die bewußte Persönlichkeit als tot gilt? In den siebziger Jahren begann eine lange Diskussion über den Fall eines jungen Mädchens, das im Koma lag, offensichtlich gehirntot, während es an ein lebenerhaltendes System angeschlossen war. War Leben dasselbe wie Bewußtsein? War Tätigkeit im Hirnstamm, das «Schlangenbewußtsein», ein Zeichen dafür, daß der Patient noch «am Leben» war? Was war diese Kraft in meinem Körper, die mich am Leben erhielt und funktionsfähig machte?

Ich stellte mir vor, wie es wäre, wenn ich einen Drachen als Kontrollzentrum meiner physischen Verkörperung hätte, ein primitives und zugleich fantastisches Wesen, das gerade zu jenem Zeitpunkt Feuer zu speien schien und meine Aufmerksamkeit mit starken Symptomen auf meinen oberen Brustraum lenkte.

Jung schrieb über die symbolische Bedeutung des Drachen:

«Für gewöhnlich symbolisieren Schlange, Drache und andere Reptilien jene Partien der menschlichen Psyche, die noch mit der Tierseite im Menschen verbunden sind. Das Tier lebt noch in ihm; es ist der alte Saurier, der in Wirklichkeit der Drache ist, und deshalb ist der Drache ein sehr passendes Symbol. Diese Seiten der Psyche sind eng mit dem Leben des Körpers verbunden und dürfen nicht fehlen, wenn Körper und Bewußtsein normal zusammen funktionieren sollen.» [132]

Das Bild meines Körpers als Drache wurde zu einer eigenen Kraft. Ich fühlte mich unruhig und versuchte, mich als Ich in der Szene festzulegen, entdeckte jedoch, ähnlich wie die Frau, die das Gedicht über den Hexenkessel geschrieben hat, daß es mehr als nur ein Ich zu geben scheint. Selbst als mein Traum-Ich umhergeblasen wurde, stand ein anderer Teil von mir ganz abseits, beobachtete das Geschehen und rang damit, es zu verstehen, ohne einzugreifen.

Als ich herauszufinden versuchte, wo sich dieser Beobachter befand, erkannte ich zu meinem größten Erstaunen, daß er *nicht auf meinen Körper beschränkt war,* daß er aber irgendwie den Prozeß überwachte und auf das Ergebnis wartete. Auf intellektuelle Weise hatte ich dieses Konzept schon längere Zeit gekannt. Jetzt jedoch erlebte ich es auf eine Weise, die meine innere Welt total auf den Kopf stellte. Ich wußte, daß ich der Beobachter wie auch die kleine Figur auf der Brücke war. Beides könnte man mit dem Ich identifizieren, und es schien, daß die Wandlung des einen auch die Wandlung des andern war. Zum ersten Mal erhielt ich eine Ahnung von dem, was der Begriff «feinstofflicher Körper» (subtle body) in bezug auf Alter und Tod bedeuten könnte.

Nathan Schwartz-Salant hält den feinstofflichen Körper für körperlich und geistig:

«Die Frage ist nicht, ob der feinstoffliche Körper existiert, sondern ob seine Existenz wahrgenommen werden kann. Denn wenn wir mit dem feinstofflichen Körper umgehen, haben wir es nicht mit gewöhnlichen, sondern imaginalen Wahrnehmungen zu tun.» [133]

«[Er] kann sich psychisch in Traum, Phantasie und in Körperbildern und physisch als Körperstruktur und Panzerung manifestieren.» [134]

Schwartz-Salant interpretierte Jung wie folgt:

«Der Schatten bildet einen Teil des psychologischen oder psychischen Unbewußten, während der feinstoffliche Körper das somatische Unbewußte repräsentiert, *jenes Unbewußte, das wir erfahren, wenn wir uns tief in unseren Körper hineinfühlen.*» [135]

Was war nun der Drache in meiner aktiven Imagination, in den ich hinunterstieg? Sicher befand sich das Ego («ego») im physischen Körper und auch außerhalb als Beobachter. Das «Ich» («I») im Drachen jedoch schien sich innerhalb eines Wesens zu befinden, in dem mein Körper ohne die Kontrolle des Egos weiterfunktionieren konnte. Auf der einen Ebene hatte ich das Gefühl, den «alten Saurier», den Jung beschreibt, zu *kennen*, wie ich meinen eigenen Körper *kannte*. Auf einer andern Ebene erlebte ich dieses gigantische, fantastische Wesen, als ob ich ihm zum ersten Mal begegnete, und ich hatte nicht die geringste Ahnung, was ich als nächstes tun sollte.

Während vieler Jahre habe ich Material gesammelt, welches das Symbol der Schlange und des Drachen amplifiziert. Erst kürzlich begann ich zu erkennen, wie stark mich diese Suche in meiner eigenen Arbeit wie auch in meiner Arbeit mit älteren Menschen in den Körper hineingeführt hat. Wie Luzifer, der gefallene Engel, wurde uns die Schlange (einst ein Symbol für *nous,* das kreative Licht und die lebenspendende Kraft) in der jüdisch-christlichen Tradition als dunkles, negatives und vertriebenes Wesen übermittelt, als etwas, was Gott dazu verurteilt hatte, auf dem Bauch zu kriechen und von den Menschen gehaßt zu werden. Auch der Drache wurde im patriarchalen Zeitalter als personifiziertes Böses betrachtet. Legenden von Drachentötern wie die Erzählung vom heiligen Patrick, der die Schlangen aus Irland vertrieb, sind uns allen bekannt. Drachen und Schlangen müssen vertrieben, unterworfen oder am besten getötet werden. Doch nach Jung:

«... bleibt es offen, ob der Drache als vollkommen böse angesehen werden muß. Aber das ist eine überaus komplizierte Frage. ... ein bestimmter – oder besser ein unbestimmter – Betrag an Dunkelheit [muß] zugelassen werden; er ist lebensnotwendig, wenn Körper und Seele überhaupt existieren wollen. Viele Neurosen entstehen, wenn der Sieg über den Körper und seine dunklen Mächte zu radikal war.» [136]

Man kann den Drachen gleichzeitig als physische und als feinstoffliche Verkörperung sehen. So betrachtet erscheinen die jahrhundertelangen Versuche, den Drachen zu töten, als ein noch größeres Geheimnis. Es war die heroische Aufgabe der Menschheit, wie sie in den Legenden der ganzen westlichen Welt dargestellt ist, von Perseus, der die schlangenhaarige Medusa tötete, bis zum heiligen Georg, der die Drachen Europas und der Britischen Inseln erstach.

Der Körper muß im Dienste des Geistes «vernichtet», das Fleisch muß geleugnet werden. Nur wenn man den Körper verläßt, kann die Seele wirklich frei sein. Trotz des Wertes, den wir heutzutage dem Körper und seiner Pflege beimessen, erkennt man unsere Ambivalenz gegenüber der Verkörperung im verbreiteten Wunsch nach Erfahrungen außerhalb des Körpers und nach «Astralreisen». Inzwischen versucht ein anderes Bewußtsein durchzudringen, eine neue und gleichzeitig uralte Art der Beziehung zum Drachen und zur Schlange unseres somatischen Wesens.

1945 verfaßte Ananda Coomaraswamy einen Artikel, in dem er verschiedene weltweit vorkommende Legenden beschreibt, die nicht vom Töten des Drachen handeln, sondern von einer Alternative, dem *fier baiser*, dem mutigen Kuß.[137] Statt den Drachen oder die Schlange zu zerstören, muß der wirklich mutige Held das häßliche Ungeheuer umarmen. Nur wenn das Ich das Angebot des Selbst in seiner primitivsten, gefürchtetsten und häßlichsten Gestalt akzeptieren kann, ohne selbst zerstört oder verschluckt zu werden, kann es wirklich König sein. Ist man willens, den «häßlichen Wurm» oder die «tödliche Drachenfrau» zu umarmen, wird sie sich in eine große Schönheit verwandeln und sich selbst und das Land erneuern.[138] Auf diese Art kann man sich von einem Eros, der dem Weiblichen dient, führen lassen, statt ihn aus Angst zu zerstören. Zu einem solchen Eros muß man eine bewußte Verbindung haben. Nur dann kann man einen Weg akzeptieren, der dem instinktiven Drang, ein verhaßtes Symptom oder Körperbild zu zerstören oder zu leugnen, so vollständig entgegengesetzt ist.

In einer ganzen Reihe von Märchen und Legenden flieht der Held, wenn er das häßliche Mädchen oder die Schlangenkönigin küssen muß. Jede Nacht bittet sie ihn, sie zu umarmen. Jedesmal, wenn er sich weigert, wird ihre Gestalt erschreckender, es wachsen ihr mehr Köpfe, mehr Schuppen. Schließlich ist der jüngste Bruder mutig genug, sie zu küssen und zu umarmen oder sie mit sich ins Bett zu nehmen. Darauf verwandelt sie sich in eine wunderschöne Frau, die ihm dann die Macht über ein riesengroßes Königreich gibt. Diese Geschichte wird in der ganzen Welt erzählt. Nur der, der gewillt ist, das Dunkle, Archaische und Schreckliche zu umarmen, kann ein weiser Herrscher werden, ein Diener der Königin der Natur.

Wie das heroische Ich, das die Prinzessin mit Hilfe eines starken Eros, das über Furcht und Abscheu siegt, von ihrer Häßlichkeit befreit, so werden wir aufgefordert, dem Drachen der Materie die Wandlung zu erleichtern. Wir müssen ihn in seiner häßlichsten und unannehmbarsten Form, in der er sich uns zeigt, akzeptieren, sei es nun in Form von Alzheimer, Krebs oder irgendeiner anderen Heimsuchung, die uns im Alter bedroht. Wie die älteren Brüder in den Märchen rennen wir vielleicht weg und lehnen unsere Aufgabe ab. Es ist jedoch zu hoffen, daß wir mit der Zeit zurückkehren und wie der jüngste Bruder (bezeichnenderweise ein naiver Dummling) bereit sind, das zu umarmen, was uns am häßlichsten erscheint. Was würde es für uns bedeuten, wenn wir unsere Körper als Drachen erlebten voll archaischer Macht und ungenutzter Weisheit, die den Schatz hüten, die mit dem bewußten Ich in Beziehung stehen, jedoch nicht von ihm beherrscht werden? Vor einer solchen Macht würden wohl auch wir zurückschrecken und fliehen.

Flucht war schon immer eine bevorzugte Abwehr. Heimlich mit den Symptomen zusammenzuarbeiten, so daß die Krankheit die innere Aufgabe erledigt, ist eine weitere. Den Drachen in ein Spielzeug zu verwandeln und als harmlose, süße Trickfilmfigur hinzustellen, scheint diese Art Einstellung zu widerspiegeln. «So schlimm ist es nun auch wieder nicht. Es ist nichts, wovor man sich fürchten muß. Das kann ich leicht ignorieren.» Doch der Drache ist wirklich eine große Macht. Wir müssen uns bewußt sein, daß er töten kann. Beachtet man vor allem im späteren Leben die Aufforderung zur Wandlung nicht, kann der Drache diese durch einen physischen Tod herbeiführen, wenn das die einzige Möglichkeit für eine Änderung ist. Ein anderer Weg wäre, daß wir uns mit der dunklen Leere oder dem feurigen Inferno in der Brust befassen und sie halten, indem wir gleichzeitig mitten drin sind und sie von außen beobachten, bis sie sich zu wandeln beginnen, bis sich ihre abscheuliche Häßlichkeit verändert.

Ich brauchte einige Zeit, bis ich den Drachen in meiner Brust umarmen konnte. Verschiedene Arten von Körpertherapien halfen bei diesem Prozeß. Lange nachdem der Husten und das Feuer verschwunden waren, erkannte ich bei meinen weiteren Bemühungen, mich mit dem Drachen vertraut zu machen, eine der Hauptaufgaben des Reifwerdens für das Alter: Wir müssen die Verkörperung unseres primitiven, drachenhaften Wesens anerkennen und umarmen. Das ist eine ganz wesentliche Vorbereitung auf das Alter und den Tod. Es bedeutet, daß wir den Drachen mit all seinen Schuppen, seiner Plumpheit und seinen furchteinflößenden Gewohnheiten akzeptieren, statt unsere Symptome, unsere Schmerzen und unsere Angst vor dem Altwerden zu leugnen oder zu versuchen, sie mit aggressiven Mitteln zu besiegen.

Es erfordert ein starkes Bewußtsein und viel Mut, um die heroische Haltung zurückzulassen, die traditionsgemäß die Vorgehensweise der meisten Menschen ist, denn es bedeutet, auf eine Weise zu arbeiten, die unseren erlernten Reaktionen entgegengesetzt ist. Für Frauen wie für Männer ist ein Heldentum, das «das schlechte Objekt» – dazu gehören Symptome oder Körperreaktionen, die fremd, ungeheuerlich oder furchterregend sind – zerstört, die erwartete Antwort auf Energien wie die des Drachen geworden. Wir denken selten daran, in Krankheiten einen Sinn zu sehen.

Wenn wir wie die Prinzessin sein wollen, die den Frosch küßte und ihn dadurch in einen Prinzen verwandelte, oder wie der junge Prinz, der den häßlichen Wurm umarmte, müssen wir uns mit unserem inneren gegengeschlechtlichen Teil, mit dem Animus oder der Anima, auseinandersetzen, besonders mit dessen dunkler oder ungeheuerlicher Seite. Vielleicht bemühen wir uns wie die keltische Ceridwen, das Dunkle in uns zu erlösen, und müssen erleben, wie selbst unsere sorgfältigsten Pläne schiefgehen. Vielleicht möchte bei uns Menschen in den Jahren, in denen wir uns zu weisen Alten entwickeln, etwas Neues ins Bewußtsein dringen. Wir möchten das Alter erlösen, es im Jungbrunnen baden oder uns in seiner großen Weisheit sonnen. Doch wir erhalten eine neue Aufgabe: alt zu werden und uns auf den Tod vorzubereiten.

Und finden wir uns schließlich mit der Wahrheit ab, werden wir mit einer zukünftigen Möglichkeit schwanger, die wir nicht voraussehen konnten. Es ist nicht leicht, unsere alternden Körper und Psychen zu akzeptieren, ohne daß wir uns in einem Komplex verfangen, der uns zu einer heldenhaften Haltung anspornt. Wieder versuchen wir, das Leben umzudrehen und uns mit all unseren Schwächen zu versöhnen, bevor wir dazu zu alt werden.

Selbst diesen Wunsch müssen wir opfern. Nur wenn wir den Versuch, unsere dunkelsten Ängste zu erlösen, aufgeben, nur wenn wir unsere größten Hoffnungen fallenlassen, ist *metanoia* möglich. Das bedeutet, daß wir den kollektiven Drang, die Muster des jugendlichen Ichs und des Schattens zu verewigen, aufgeben. Wenn wir freiwillig die hellen und dunklen Ziele unseres alten Ichs opfern, besteht die Möglichkeit eines vollständigeren und offeneren Dialogs zwischen Ich und Selbst.

In den Lungen des Drachen liegt das Feuer der Wandlung. Das Drachenfeuer ist der primitive Affekt, der nie ausgedrückt worden ist, ein Produkt der erdhaften, undifferenzierten, animalischen Energie, die sich in Höhlen verbirgt, in jenen Öffnungen der Erde, die in die Unterwelt der archetypischen Bilder führen. Eine Analysandin träumte von einem solchen Feuer, das ihre eigene Lebensquelle war, die sie um jeden Preis vor denen beschützen mußte, die sie stehlen oder auslöschen wollten.

Drachen sind Hüter solcher Schätze und schützen sie vor äußeren und inneren Kräften, die sie zerstören oder stehlen wollen. Der Drache schützt den Schatz der wahren Bedeutung unserer Verkörperung, die Vereinigung von *physis* und *nous*. Verweilen wir in der Imagination in seiner Höhle oder in der Nähe seines Körpers, befinden wir uns im Übergangsbereich zwischen dem Ich und dem Archetyp, wo die Feuer der Wandlung unter der Asche alter Einstellungen liegen. Hier kämpfen ältere Leute um einen neuen Schatz: eine neue Lebensstufe, eine neue Einstellung zur Welt und sich selbst und den künftigen Tod ihres eigenen Drachenkörpers.

Wenn es wirklich so ist, daß Drachenenergie unseren Körper gesund hält, dann herrscht eine starke Verbindung zwischen der drachenhaften Macht und unserem Immunsystem. Das Immunzentrum befindet sich im Thymus, gerade hinter dem Brustbein, etwa in der Mitte des Herz-Chakras *anahata*. Psychologen und Mediziner halten das Immunsystem für den Bereich, der die körperliche und psychische Fähigkeit besitzt, zwischen «mir» und «nicht mir» unterscheiden zu können – zwischen den Zellen, die zu unserem Körper gehören, und denen, die abgewiesen werden müssen, und zwischen den Inhalten unserer Psyche und denjenigen, die wir als «das andere» nicht akzeptieren dürfen.

Viele ältere Leute entdecken, daß Körpertherapie die Energiekanäle öffnen und den Thymus beleben kann. Wir mögen Massage als einen Luxus betrachten, doch wir erkennen immer mehr, daß Methoden wie Shiatsu,

Akupunktur, Yoga, Atemtherapie und Polarity, um nur einige zu nennen, den Energiefluß anregen und das Immunsystem stärken. Mit dieser Art Arbeit umarmen wir tatsächlich unseren drachenhaften Tierkörper und stärken und heilen unsere Verbindung zu unserem Fleisch und unseren Knochen.

Selbst Menschen, die mit dem Körper arbeiten, und vielleicht vor allem jene, die sich seit langer Zeit auf dem schwierigen Weg der Individuation befinden, erleben an der Schwelle zum Alter das heiße Feuer, in dem die Veränderungen des Alterns kochen. Ehe die neue Einstellung das Bewußtsein erreicht, muß sie wie Kundalini erwachen und aus dem Unbewußten emporsteigen. Sie muß im Feuer der Leidenschaft gehärtet werden. Und es muß etwas geopfert werden, ehe die Veränderungen körperliche Form annehmen können. Dann ist der Drache wahrhaftig verwandelt.

In den Weisheitslehren des alten China und Japans war die Schlange oder der Drache als Symbol der Kreativität bekannt. Die Menschen, denen sie begegneten, wurden als gesegnet betrachtet, und man stellte große Ansprüche an sie. Eine japanische Legende, «Die Vision des Hojo-no-Tokimasa», erzählt von einer Visitation, bei der der Drache die Schuppen zurückließ als Zeichen des Schutzes durch eine göttliche Kraft:

«Tokimasa bat die Göttin Benzaitan um Schutz. Nach drei Wochen unaufhörlichen Betens hatte Tokimasa eine Vision von Benzaitan in der Gestalt einer Schlange. Als Benzaitan verschwand, hinterließ sie drei Schlangenschuppen, die von Tokimasa als ein Gelöbnis göttlichen Schutzes verehrt wurden.» [139]

Jung sah den Drachen und die Schlange als symbolische Darstellungen der negativen Mutter, als «Widerstand gegen den Inzest, beziehungsweise die Angst davor»[140]. Wir können dies so interpretieren, daß der Drache ein Symbol unserer Furcht vor dem Verschlungenwerden ist und davor, uns in einer inzestuösen Vereinigung mit dem All, dem Unbewußten, der Mutter zu verlieren. Wir müssen diesen Drachen – unsere Einstellung zum alternden Körper – entweder bekämpfen oder ihn umarmen und verwandeln, wenn wir den Schatz erlangen möchten: ein höheres Bewußtsein und *metanoia*.

Es ist sehr wichtig zu unterscheiden, ob man den Drachen umarmt oder bei seiner Umarmung verschluckt wird. Hier zeigt sich der Wert der aktiven Imagination. Jung hat gesagt, daß die freiwillige Beschäftigung mit einer Fantasie wie eine Psychose aussehen mag, doch es besteht hier ein enormer Unterschied. Statt von unkontrollierbaren Kräften aus dem Unbewußten überflutet zu werden, hat die freiwillige Auseinandersetzung mit diesen Kräften, zum Beispiel mit Hilfe der aktiven Imagination, einen Zweck:

«... die Aussagen des Unbewußten um ihres kompensierenden Inhaltes willen dem Bewußtsein zu integrieren und damit jenen ganzheitlichen Sinn herzustellen, der allein das Leben lebenswert und für nicht wenige Leute überhaupt möglich macht.»[141]

Eine solche Arbeit mag wie eine Psychose aussehen, weil man die gleiche Art Fantasiematerial integriert, das eine geisteskranke Person verschlingen kann. Jung fährt fort:

«Im Mythus ist dieser der Held, der den Drachen überwindet, und eben gerade nicht jener, der von ihm gefressen wird. Und doch haben es beide mit dem gleichen Drachen zu tun. Auch ist nicht jener der Held, welcher dem Drachen nie begegnet ist, oder, als er ihn doch einmal sah, nachher behauptete, er hätte nichts gesehen.»[142]

Und anderswo:

«... daß gerade der Stärkste und Beste des Volkes, nämlich sein Held, es ist, der der regressiven Sehnsucht nachgeht und sich absichtlich in die Gefahr begibt, vom Monstrum des mütterlichen Urgrundes verschlungen zu werden. Er ist aber nur darum ein Held, weil er sich nicht endgültig verschlingen läßt, sondern das Monstrum besiegt, auch nicht bloß einmal besiegt, sondern viele Male.»[143]

Es ist nicht so, daß Menschen, die es sich zur Aufgabe machen, den Drachen zu wandeln, keine Angst hätten. Furcht ist wie die Stacheln von Afaggdu, Ceridwens dunklem und unerlösbarem Sohn. Sie schützt und stählt. Vielleicht ist Ehrfurcht ein besseres Wort, denn die Fähigkeit, unsere größten Ängste zu umarmen, ist wahrhaftig ehrfurchtgebietend.

In der Gegenwart dieser Energien mit aktiver Imagination zu arbeiten ist keine leichte Aufgabe. Es ist kein Gesellschaftsspiel und keine einfache Technik. Es kann uns in feurige, archaische Tiefen bringen, wo wir bis «auf die Knochen, den Atem und das Blut» unseres Seins geprüft werden. Ein alchemistisches Bild eines solchen Prozesses zeigt eine Frau in den Armen eines großen Drachen. Beide werden zu Blut.[144] Symbole wie dieses mahnen uns auf eindrückliche Weise an die Macht dieses Vorgangs, an den

Schrecken, den er verursachen kann, und an die Bedrohung für unser körperliches Sein, die ein Abstieg in diese Materie bedeuten kann. Und doch ist die Belohnung groß. Immer mehr Menschen haben das Bedürfnis, in die Höhle ihrer Drachenängste zu steigen und nach dem Schatz zu suchen. Immer mehr wollen erleben, was es heißt, das «häßliche Mädchen» zu umarmen, statt es auf die alte heroische Weise zu töten. Beide Geschlechter lernen, den Schrecken und die Sehnsucht dieser Arbeit auf sich zu nehmen.

In den Tarot-Kartenspielen verkörpert gewöhnlich eine Karte gleichzeitig unsere Hoffnungen und unsere Ängste. Die Auseinandersetzung mit dem Drachen entspricht dieser Karte. Manchmal können unsere Hoffnungen noch überwältigender sein als unsere Ängste. Sarah, eine ältere Frau, die sich vor ihrer wichtiger werdenden Rolle in der Welt fürchtete, träumte:

Ich liege gelähmt und angenagelt auf einer Gartenbank zwischen Q. [eine Frau, die in ihren späten Jahren berühmt wurde] und einem mageren, kleinen, alten «Traum-Lumpenmann», der mich seit Jahren gewarnt hat, nicht zu übermütig oder aufgeblasen zu werden. Ich muß eine wirklich wichtige Aufgabe erledigen, doch ich kann mich nicht bewegen.

Erst als sie fähig war, ihre Hoffnung auf und ihre Angst vor Erfolg zu umarmen, gelang es ihr, sich von ihrem Komplex zu lösen, der sie gefangenhielt.

Aktive Imagination während der Jahre, in denen wir uns zu «weisen Alten» entwickeln, kann uns tiefer in die Psyche hineinführen als alles, was wir je getan haben. Dies mag wie ein Ertrinken sein, wie es die Frau, die das Gedicht über ihre Auflösung und Erneuerung im Kessel von Ceridwen schrieb, erlebte. Auch kann es wie im folgenden Traum von Sarah das Bild einer Reise in die ozeanischen Tiefen des inneren Lebens sein, wo bedeutende Symbole dazu führen, daß wir Energie neu integrieren und den Sinn und Zweck unseres Lebens neu verstehen:

Ich schwimme unter Wasser, als plötzlich ein großer männlicher Schwertwal auftaucht und mich mit sich nach unten trägt, immer tiefer; tiefer, als ich es je für möglich gehalten hätte. Er ist riesengroß, aber sehr schön mit seinen schwarzweißen Farben. Ich fühle, daß ich nichts anderes tun kann, als mich dieser Kraft, die mich nach unten trägt, vertrauensvoll hinzugeben. Das Wasser, das wir durchqueren, ist wie zähflüssige Luft, und ich kann ohne Mühe atmen.

Dann bringt mich dieser Wal zu einem andern, einem weisen, alten Wesen, einem großen Behemoth, einem Drachen der Tiefe, der ganz mit Rankenfußkrebsen und Muscheln bedeckt ist, die aus seinem verwelkten, grauen Fleisch herauszuwachsen scheinen. Dieser Wal ist ungeheuer häßlich. Ich weiß, daß sie/er nie an die Oberfläche kommt, sondern seit Jahrtausenden hier unten in der Tiefe lebt. Ich fühle große Ehrfurcht vor der enormen Weisheit, die von ihm ausstrahlt. Irgendwie weiß ich, daß ich entweder mit diesem riesengroßen Wesen als Führer langsam nach unten gehen oder versuchen kann, meinen Weg allein an die Oberfläche zu finden. Ich habe das Gefühl, es wolle mir etwas am Meeresboden zeigen, aber die Entscheidung liegt bei mir.

Nachdem ich aufwache, frage ich mich, ob das, was ich weit unten sehe, mein eigener Tod ist. Gleichzeitig scheint es mir, als ob ich dort weit, weit unten den Schimmer eines uralten Schatzes gesehen habe, der seit Jahrtausenden auf dem Meeresgrund liegt und von diesem alten Wal beschützt wird.

Während wir versuchen zuzulassen, daß sich sogar unsere geliebtesten Lebensmuster auflösen, damit wir dem, was uns in unsere eigenen Tiefen führt, folgen können, kämpfen wir mit den dunklen und hellen Energien unseres Körpers und unserer Psyche. Die Entscheidung müssen wir selbst treffen, aber die Reisen, auf die wir uns begeben, führen uns weiter, als wir es uns mit unserer Vernunft je vorstellen können. Sie bringen uns vielleicht Angst und Verzweiflung. Wir mögen befürchten, den Verstand oder den Gebrauch unseres Körpers zu verlieren. Wir sind vergeßlich und abwesend. Wir verlieren vielleicht sogar das Gefühl dafür, wer wir früher waren. Doch gewinnen wir auch einen Schatz, ein reicheres Leben.

Wir stehen nicht nur unseren größten Ängsten gegenüber, sondern sehen auch die leuchtende Hoffnung einer neuen Kreativität. Der Verlust unserer jugendlichen Spannkraft ist eine dieser Drachenängste. Eine weitere ist die Erkenntnis, daß unser Körper sterblich ist. Wenn wir unsere Furcht und unser Versagen umarmen können, umarmen wir auch die Hoffnung auf zukünftige Feiern, dann nämlich, wenn das, was wir bebrütet haben, aus der Unterwelt emporsteigt.

Legenden und Mythen sagen uns immer wieder, daß Wandlung möglich ist. Das junge Mädchen wird zur Königin. Der Drache verwandelt sich in einen Prinzen oder eine Prinzessin. Der Dummkopf wird weise. Die naiven Einstellungen der Jugend ändern und entwickeln sich.

Langsam werden wir wir selbst und dürfen zu Hütern
der Erinnerungen und der Weisheit werden. Wir lernen,
wann wir still sein müssen und wann wir sprechen können, was wir weitergeben dürfen und was geheim ist. Wir
lernen, unseren Körper zu ehren, auch wenn er zu versagen beginnt. Wir gelangen zu einem inneren Gefühl für
den Kreislauf der Veränderung und unsere Aufgabe darin.

Ulrich Schaffer schreibt in seinem Gedichtband, *Surprised by Light:*

> Immer wieder geschieht das Wunder
> in der erstaunlichen Wandlung
> in der aus Luft Blätter
> und aus Erde Wurzeln werden,
> in der die Sonne den Samen zum Bersten füllt
> ihn dann zerspringen und keimen läßt.
> In der Wandlung des Todes
> bricht neues Leben hervor.
>
> Wir nähren uns von der Überraschung des Wunders
> vom Wechsel der Jahreszeiten,
> und ich bin ein Glied in der wunderbaren Kette.
> In mir ändert sich selbst das Unveränderliche
> und ich weiß, ich breche
> den Rhythmus der Schöpfung,
> wenn ich mich nicht ändere.
> Ich wäre im Leben ein Toter
> selbst wenn ich weiterlebte.
>
> Ich sehne mich nicht nach großen Wundern,
> nur nach dem Wechsel des Tages,
> der fast unmerklichen Wiedergeburt
> dem unbedeutenden Wunder des Wachstums,
> das größer ist als alle andern.[145]

Das ist die wahre *metanoia:* eine fast unmerkliche Anhäufung täglicher Veränderungen.

7. Zu weisen Alten werden

Während wir in unseren Übergangsjahren ins Alter die Drachenenergie schätzen lernen, entdecken wir möglicherweise auch die Kreativität des Archetyps der «Weisen Alten». Und wenn wir die Weise Alte achten, vermögen wir auch eine Beziehung zum Selbst zu entdecken, in der wir unser Schicksal als ältere Menschen bejahen. Ob wir nun einige der Eigenschaften der Weisen Alten in uns selbst erkennen oder sie auf andere projizieren, durch unsere Erfahrungen mit ihr vermögen wir uns selbst besser kennenzulernen. Ihre Eigenschaften wohnen in weiblichen und männlichen Körpern, und die Achtung vor dem archetypischen Bild der Weisen Alten in ihren vielen Gestalten kann sich zu unserer inneren Heilkraft entwickeln. Marion Woodman schreibt:

> «Ich kannte vier oder fünf weise Alte, zwei davon waren Männer. Ich ging zu ihnen, wenn ich nicht mehr weiter wußte. Ihre Liebe war spürbar. Keine Ratschläge. Nur da sein, fast ohne etwas zu sagen. Ich wußte, daß sie mich sahen und verstanden. Sie konnten meine eigene innere Heilerin konstellieren, da sie mich so sahen, wie ich war.»[146]

Die Weise Alte ist ein Muster, das sich tief in der menschlichen Psyche eingeprägt hat. Sie ist das dritte Gesicht der dreieinigen Gottheit, die die neuen Möglichkeiten der Jugend, die Produktivität des mittleren Alters und die Entbehrungen wie auch die weise Fürsorge des Alters verkörpert. Von diesen dreien ist der Aspekt der Weisen Alten vielleicht der mächtigste. Ihr Gesicht ist verwittert wie altes, knorriges Holz, ihre durchdringenden Augen sehen tief in unsere Seelen hinein und darüber hinaus in die Tiefen des Universums. Ihre krallenartigen Finger scheinen nach uns zu greifen und uns immer tiefer in ihre knochige Umarmung zu ziehen – all dies ist furchteinflößend und zugleich faszinierend. Wir können uns nicht vorstellen, ihr zu dienen. Doch etwas im Kern unseres Wesens weiß, daß dies eine unserer größten schöpferischen Aufgaben sein könnte – die archetypische Forderung, unser eigenes Alter zu akzeptieren und ihm zu dienen.

Die Weise Alte kann herausfordernd sein, denn sie trägt die Gegensätze in sich: Geburt–Tod, Jugend–Alter, Schönheit–Häßlichkeit, Hoffnung–Verzweiflung. Erleben wir diese Gegensätze in uns selbst und stehen wir der Aufgabe gegenüber, sie miteinander zu versöhnen, akzeptieren wir tatsächlich das, was Jung die *Berufung,* unsere Persönlichkeit bis ans Lebensende zu entwickeln, nannte. Dies ist in jedem Alter eine bedeutende Aufgabe, doch vor allem für Menschen, die dem Alter entgegenreifen, eine furchteinflößende wie auch kreative Herausforderung. Barbara Hannah berichtet, daß Jung auf die Frage, ob seiner Meinung nach ein Atomkrieg möglich sei, wie folgt antwortete:

«Ich glaube, es kommt darauf an, wie viele Menschen die Spannung der Gegensätze in sich selbst ertragen können. Wenn eine genügende Anzahl dies vermag, glaube ich, daß wir das Schlimmste verhindern können. Wenn nicht, und wenn es zu einem Atomkrieg kommt, dann wird unsere Zivilisation untergehen wie schon viele Zivilisationen zuvor, jedoch auf einer viel größeren Ebene.»[147]

Der reife Mensch, bei dem die Integrität über die Verzweiflung zu siegen beginnt, hat einen einzigartigen Ausblick auf die Bedeutung einer solchen mühevollen Arbeit.

In der Mythologie ist die Weise Alte bekannt als «Göttin der tausend Namen»: als Tiamat, der gebärende Ozean; als Maat, die weiße Feder der Wahrheit; als Medusa, deren Antlitz Menschen in Stein verwandelte; als Fata Morgana, die die Menschen zu ihrem Schicksal führte; als Sophia, die höchste Weisheit; als Brigit, die die Jahreszeiten brachte; als Kali, die zerstörte, damit Schöpfung möglich wurde, und als die Syrerin Mari, die in die Seele sah. Sie erscheint in all diesen Gestalten und vielen weiteren. Für die alten und die gegenwärtigen Stammeskulturen ist sie die Weiseste aller Weisen. Für andere ist sie «die Hure von Babylon».[148]

In den Gegensätzen, die die Weise Alte in sich enthält, sehen wir, wie in einem Spiegelbild, das Helle und Dunkle, das Gute und Böse in uns selbst. Obwohl wir es vorziehen können, ihre dunklen Eigenschaften zu verleugnen, ist es wichtig, beide Seiten direkt zu konfrontieren, wollen wir sie in ihrer ganzen Wirklichkeit erkennen. Da die Weise Alte seit Jahrhunderten vor allem durch ihre Schattenseite bekannt ist und auch heute noch von vielen in der heutigen Welt so gesehen wird, wollen wir zunächst ihre dunklen Aspekte betrachten.

Für die Gelehrten des Mittelalters war sie die häßliche Jungfer, «ein scheußlicher Anblick, als ob sie in der Hölle erzeugt worden wäre»:

> «Ihr Haar ist in zwei kurze schwarze Zöpfe geflochten, ihr Hals und ihre Hände sind schwarz wie Eisen und ihre Augen klein wie die einer Ratte. Sie hat eine Nase wie ein Affe,

Lippen wie ein Esel, Zähne wie Eigelb und einen Bart wie ein Ochse. Dazu kommt ein Buckel vorne und hinten und krumme Beine. In den Händen hält sie eine Geißel.» [149]

Sie erscheint denen, die nach dem Schatz suchen, und bittet um Verbundenheit, doch wer nur ihre äußere Gestalt sieht, hält sie für ein Ungeheuer. Heutzutage wehren wir uns gegen diese knorrige alte Frau voller Warzen, wenn sie in unseren Träumen und Fantasien erscheint, und fühlen nichts als Entsetzen über ihren Wunsch, sich selbst und uns zu wandeln. Aus den Märchen kennen wir sie als Baba Yaga oder die Hexe. Sie lebt in ihrer Hütte im Wald des Unbewußten, abgeschnitten von der bewußten Welt des Alltags. Sie ist der Schrecken jener, die sie abweisen oder versuchen, sie zu manipulieren. Sogar ihr Name ist zu einer Schmähung geworden und erweckt Bilder eines alten häßlichen Weibes, das Kinder mästet, um sich selbst durch sie zu ernähren (was sicherlich eine treffende mythische Darstellung ist für jene, die im Tod das vernichtende Ende sehen).

Eine Freundin von mir beschrieb sie wie folgt:

«Ich sehe sie als eine dieser bemitleidenswerten, isolierten, exzentrischen, hakennasigen Witwen, die im Schwarzwald leben und sich von Wurzeltee und Beeren ernähren. Sie scheint passiv zu sein, furchteinflößend für Kinder und anfällig für die Projektionen der Gesellschaft.»

Die dunkle Weise Alte ist schon lange als Botin von Krankheit und Tod bekannt. Manchmal bringt sie den psychischen Tod einer alten Lebensweise. Wie auf der Turmkarte des Tarot zerfallen unsere alten Strukturen,

156

und wir stürzen aus den alten, vertrauten Formen. Dann wieder verursacht die Weise Alte die Wandlung unseres körperlichen Selbst. Unser Körper verändert sich, unsere Energie für das tägliche Leben ändert sich, wir werden dünner oder kleiner oder arthritischer. Unser Haar ergraut oder wird weiß. Wir entwickeln Falten. Einige von uns beginnen – wie Georgia O'Keefe – wie «Apfel-Puppen» auszusehen. Wir verlieren vielleicht unsere Zähne oder unsere Haare, unsere Konzentrationsfähigkeit oder unser Gedächtnis. Wir versinken in uns selbst und vergessen, uns anders mitzuteilen als mit einem Seufzer. Das ist das Schreckliche an der Weisen Alten. Sie kann uns so viel rauben.

Sie kann auch das Ende des körperlichen Lebens bringen. Als Hekate-Demeter-Persephone ist sie die Hüterin des Tors von Leben und Tod. Eine der Aufgaben des Alters ist die Vorbereitung auf unseren physischen Tod. Im Fernen Osten üben Yogis und andere Weise ihren zukünftigen Tod während vieler Jahre. Erst jetzt wird diese Methode im Westen bekannt.[150] In den letzten Jahrzehnten wurde unsere Generation ermutigt, über den Tod nachzudenken, statt ihn zu leugnen. Solche Gedanken stoßen jedoch noch immer auf Kritik.

Als Tod hat die Weise Alte die Kraft zu zerstören. Wir versuchen zu fliehen, doch sie verfolgt uns. Ihre älteren Priesterinnen sind «Dakinis» (Himmelswanderer), die die Sterbenden auf ihren Übergang vorbereiten und sie in der Gestalt von Geistern in «das geheimnisvolle Land des Zwischenzustandes»[151] führen. Als Schicksal bringt sie uns Botschaften über unsere Zukunft. Oft weigern wir uns, ihr zuzuhören, doch sie wartet und spricht von neuem. Als verändernde Kraft ist sie die «Welt-Erschütte-rin», die aus ihrer Höhle heraustritt und ihren Regenstab schüttelt, um die Welt zu ändern.

In *Webster's Dictionary* wird die Weise Alte (crone) als «altes Schaf» und «verhutzeltes Weib» definiert. Dies ist die dunkle Schattenseite der alten Frau, eine perfekte Leinwand für unsere Projektionen der schlechten Mutter. Wenn die Brüste hängen oder verkümmern, sind sie «schlecht», unfähig, Nahrung zu geben. Wenn die Knie knochig werden und die Hüften versagen, können wir kaum uns selbst stützen, geschweige denn andere tragen.

Jahrhundertelange Indoktrination schränkt unsere Ima-gination so sehr ein, bis wir den uralten Aspekt des Weib-lichen nur in seinen negativen Formen sehen – als absto-ßende Frau, tödliche Jungfer, schrecklichen Drachen. Sie bringt unserem alten Wesen, unserer vertrauten Lebens-weise und unserem körperlichen Selbst den Tod. Unsere Angst vor dem Unbewußten verwandelt die Weise Alte in ein Bild des Bösen. Die Furcht vor der alten Dunklen Mutter, die Tod oder Depression darstellt, hindert uns oft daran, den Archetyp der Weisen Alten als Quelle neuer kreativer Kraft zu akzeptieren. Wir erlauben es uns nicht zu erkennen, daß die alte Frau oder die Hexe den Schlüssel zum Erfolg besitzt. Wenn wir an unserer furchteinflö-ßenden Wahrnehmung ihrer äußeren Form vorbeisehen könnten, fänden wir in der versöhnenden Wirklichkeit ihrer inneren Gegensätze (gut-böse, Liebe-Haß, Schön-heit-wildes Tier) Antworten auf unsere größten Dilem-mas. Gelänge es uns, ihre Führung und Weisheit im Alter anzunehmen und das scheinbar Widerliche an ihr zu umarmen, könnten wir wahre *metanoia* erleben, die Versöhnung des Ichs mit dem Selbst. Schließlich ist sie die Hebamme der Geburt wie auch des Todes.

Als weise Frau und Hüterin des Kessels kennt die Weise Alte das Geheimnis der Erneuerung. Viele glauben, daß das Wissen um ihre Kreisläufe von Tod und Wiedergeburt über Generationen hinweg weitergegeben wurde, trotz eines dreihundertjährigen Holocausts, während dem Millionen von Frauen von Verfolgern getötet wurden, deren Furcht vor dem dunklen Unbekannten zur entsetzlichen Angst vor der Gebärmutter und dem Weiblichen wurde. Sie ist die Hebamme des Todes. Sie ist auch, wie Longfellow schreibt, «die Natur, das alte Kindermädchen»[152], die das Kind auf ihren Schoß nimmt und es die Geheimnisse des Universums lehrt.

«Weise Alte» sollte ein ehrwürdiger Begriff sein. Selbst ohne sich dessen bewußt zu sein, haben Generationen von Männern und Frauen die bedeutungsvollen Bilder und Symbole ihrer dunklen Erdgebundenheit und ihr leuchtendes, numinoses Mondlicht gefeiert. Sie ehrten ihren Kreislauf von Leben, Tod und Wiedergeburt beim Pflanzen, beim Ernten und beim erneuten Pflanzen. Viele glauben, daß die Weise Alte so mächtig war, daß sie als weibliches Ebenbild des großen Himmelsvaters dargestellt wurde. Walker schreibt über sie:

«Ihr Ehrentitel ‹Weise Alte› [Crone] war mit dem Wort Krone [crown] verwandt, und sie repräsentierte die Macht der alten Stammesmatriarchin, die die moralischen und gesetzlichen Entscheidungen für ihre Untertanen und Nachkommen traf. Als Verkörperung der Weisheit soll sie die ersten Tafeln des Gesetzes geschrieben und die ersten Sünder bestraft haben.»[153]

Die Weise Alte läßt uns nicht allein, wenn sie sich einmal in uns geregt hat. Sie sucht nach kreativer Form; findet sie sie nicht, kann sie zerstörerisch werden und alles mögliche Unheil anrichten, bis wir auf sie aufmerksam werden und ihr ihren Platz in unserem Leben einräumen. Wir erleben ihre Zerstörungskraft zum Beispiel als hoffnungslose Teilnahmslosigkeit. Oder wir nehmen die Eigenschaften des scharfzüngigen Besserwissers an, der Unzufriedenheit auf Freunde und Feinde projiziert, statt die des meditativen Menschen oder des Ratgebers, der wir sein möchten (was jemand als «Möchtegernweiser» bezeichnet hat).

All diese Eigenschaften gehören zum Komplex, den wir «Weise Alte» nennen. Erkennen wir sie als solche, können wir leichter entscheiden, ob wir sie ausagieren oder in unserem Inneren kennenlernen wollen, ohne uns mit ihnen zu identifizieren. Werden wir vom Komplex der Weisen Alten ergriffen, haben wir oft das Gefühl, in der eisigen Kälte gefangen zu sein oder umgekehrt in unseren lodernden Gefühlen zu verbrennen. In beiden Fällen müssen wir einen Weg finden, dem, was die Weise Alte in unserem Leben auszudrücken versucht, Gestalt zu geben. Geben wir ihr keine Ausdrucksmöglichkeit, wird sie weiterhin unser Leben auf negative Weise beeinflussen und von der Welt negativ betrachtet werden.

Wir alle wollen instinktiv den Lebensfunken zum Brennen bringen, der tief in unserer Psyche verborgen ist. Wie der biologische Instinkt uns zum Essen und zum Sex treibt, treibt uns die Energie der Archetypen dazu, uns kreativ auszudrücken. Ein Mann träumte von der archetypischen Schicht der Psyche als Grundgestein. Eine Frau träumte von einem amorphen Dunst, der im Morgengrauen versuchte, Wolken in der Form von Ideen zu bilden. In vielen alten Kulturen gehören Imagination und künstlerisches Gestalten genauso zum täglichen Leben wie Essen und Trinken. Das Weben von Mythen, Tuch und Leben sind alles alltägliche Aufgaben. In unserer «zivilisierten» Welt jedoch zählt man Imagination und Kreativität oft nicht zu den alltäglichen Tätigkeiten.

Für viele Menschen im späteren Leben scheint der Trieb zur Kreativität zu verkümmern. Wenn wir die Wechseljahre und die Pensionierung hinter uns haben und unsere Fähigkeit und die Gelegenheit, Kinder des Körpers oder des Willens zu gebären, abnehmen, haben wir oft das Gefühl, unsere schöpferische Energie sei ebenfalls verschwunden. Vielleicht jedoch liegt sie nur zusammengerollt im Unbewußten und rührt sich nur hie und da.

Haben wir keine kreative Ausdrucksmöglichkeit, kann sich leicht der Überdruß in uns niederlassen. Unsere Begeisterung fürs Leben schwindet. Wir sind müde und gelangweilt wie die Frau, die ihre ereignislosen Tage mit dem Öffnen und Schließen ihrer Vorhänge markiert. Sie beschäftigt sich um der Beschäftigung willen, um das Gefühl der Leere fernzuhalten. Sie mag allerlei unnötige Arbeiten erledigen, doch das Gefühl bleibt. Es lauert unter der Oberfläche wie dunkles Winterwasser unter dem Eis. Für gewisse Menschen jedoch steigt während des Reifwerdens für das Alter der Archetyp der Weisen Alten wie ein siedender Vulkan empor. Das Feuer der Kreativität bricht ins Bewußtsein durch und breitet sich überall aus.

Es liegt in unserer Verantwortung, eine kreative Ausdrucksmöglichkeit zu finden. Die einen beginnen wie

Grandma Moses, Szenen aus ihrer Kindheit zu malen, die in der Erinnerung aufsteigen. Andere geben ihre Lebensgeschichte an ihre Großkinder weiter, schreibend oder erzählend. Wieder andere arbeiten mit Holz, Stein oder Lehm, schreiben Gedichte, verrichten Garten- oder Freiwilligenarbeit, gehen wieder zur Schule, finden neue Freunde oder machen andere mit erneuter Begeisterung auf die winzigen Wunder der Natur aufmerksam.

Ich erinnere mich an eine kleine Kirche in Ogburn St. George in England, wo eine Gruppe von Frauen Betkissen stickte mit der Geschichte vom Heiligen Georg und dem Drachen. Jedes Kissen war mit viel Liebe gemacht, und eines der Bilder glich sogar dem *fier baiser*. Es sah aus, als ob Georg den Drachen umarmte, statt ihn zu töten. – Wir haben viele Möglichkeiten, der Energie der Weisen Alten Form zu geben.

Wenn ich über meine eigene Beziehung zur Kreativität der Weisen Alten nachdenke, kommt mir immer wieder der Mythos von Demeter und Persephone in den Sinn. Zunächst schenkte ich ihm keine Beachtung. Demeter ist ja eine Muttergöttin, die Schöpferin aller Dinge, Erdmutter, Mutter des Maises, Hüterin der Geburt und der Fruchtbarkeit. Im Mythos, der im «Hymnus an Demeter»[154] erzählt wird, befindet sie sich zu der Zeit, in der ihre Tochter, die Kore, in die Pubertät kommt, auf dem Höhepunkt ihrer Mutterschaft. Demeter scheint auch auf dem Höhepunkt ihrer eigenen Kreativität zu sein. Sie ist ein treffendes Bild der Leistungen der mittleren Jahre.

Wie kann man sie dann als Weise Alte sehen? Alle Bilder von ihr zeigen sie als Göttin, die großzügig den Reichtum des Lebens über die Welt verteilt. Was hat sie mit dem

Alter und dem Tod zu tun? Ihr Leiden, wenn ihre geliebte Tochter in die Unterwelt entführt wird, scheint ein Prototyp des Kampfes der mittleren Jahre zu sein, wenn es Zeit ist, die Mutterschaft in bezug auf körperliche Kinder und Ideen aufzugeben. Nichtsdestoweniger bestand etwas in mir darauf, daß die Geschichte von Demeter eine große psychische Wirkung auf Menschen, die dem Alter entgegenreifen, haben könnte. Demeter kann zu uns als Weise Alte sprechen, wenn wir ihr zuhören.

Als «dreigestaltige Göttin» erreicht sie uns immer, in welcher Lebensphase wir uns auch befinden. Sehen wir sie als Mädchen, als Kore, zeigt sie uns ihre jugendliche Gestalt. Lesen wir über ihre Rolle als Mutter, dann sehen wir sie auf diese Weise. Suchen wir nach der Weisen Alten, begegnen wir Hekate, der Alten an den Straßenkreuzungen. Betrachten wir alle drei Formen im Hinblick auf die Übergangszeit ins Alter, dann sehen wir, daß alle drei eins sind. Die Weise Alte umfaßt das Kind und die Erwachsene, das Mädchen und die Mutter und auch die alte Frau. Demeter ist eine Frau in den Jahren des Altwerdens, deren jugendliche Kreativität plötzlich verschwindet, indem sie durch eine schreckliche Katastrophe aus dem Alltagsleben gerissen wird. Alles, was ihr bleibt, ist Verzweiflung.

Das nächste und letzte Kapitel untersucht die Bedeutung Demeters für Menschen, die die Veränderungen des späten Lebens durchmachen oder vor sich haben. Wie wir sehen werden, verkörpert sie die Weise Alte in all ihren hellen und dunklen Aspekten. In einigen Versionen des Mythos geht Demeter sogar selbst in die Unterwelt. Sie ist deshalb eine geeignete Führerin der Seelen, die uns bei unserem eigenen Abstieg helfen kann.

8. Demeter: Mythos und *metanoia*

Sich in die Gestalt Demeters hineinzubegeben bedeutet, verfolgt, beraubt, geraubt zu werden, nichts mehr zu verstehen, zu wüten und zu trauern, dann aber alles wieder zurückzuerhalten und wieder geboren zu werden.

C. Kerényi, *Two Essays on a Science of Mythology*

Der Mythos von Demeter ist eine Geschichte von Gram und Trauer, die von der Unfruchtbarkeit und der Qual eines älteren Menschen erzählt, wenn seine Kreativität verschwindet. Demeter hat ihre jugendliche Lebensfreude verloren, und sie hat keine Ahnung, wo sie sie wiederfinden kann. Nur Hekate, ihre uralte weibliche Weisheit, ihr «Mondbewußtsein», hört ihr Klagen. Nur Hekate vermutet, daß ihr wertvolles Potential in die Unterwelt entführt wurde, ins Reich des Zeus-Hades, der dunklen, chaotischen Tiefen des Unbewußten.

Der Mythos der Demeter beschreibt eine Zeit der totalen Zerstörung im Leben einer Göttin des alten Griechenland. Die Geschichte zeigt uns, was geschieht, wenn die nährenden, kreativen Eigenschaften eines Menschen, der dem Alter entgegenreift, von den Ereignissen des Lebens oder durch innere Berufung entrissen werden. Demeter ist zwischen den Gegensätzen des Status quo und den anspruchsvollen Kräften der Veränderung gefangen. Der Mythos sprach zu den Seelen der Menschen in alten

Zeiten und bildete die Grundlage ihrer Religion während mehr als fünfzehnhundert Jahren. Wenn wir auf ihn hören, kann er auch heute wieder zu uns sprechen, zu einer Zeit, da die Mythen, die das Alter ehren, fast alle vergessen sind.

Angenommen, wir finden in Demeter eine Gestalt, die unsere eigene Reise durch die Übergangsjahre ins Alter preist und unsere Projektionen der Trauer und Hoffnung trägt. – Angenommen, wir begeben uns in dieses Bild hinein auf der Suche nach uns selbst.

Der Mythos

Demeter war die schöne Tochter von Rhea und Chronos. Chronos verschluckte seine Kinder bei der Geburt, damit ihm niemand seine Stellung als höchster Gott streitig machen konnte. Demeter kam auf die Welt, als ihr Bruder Zeus ihren Vater Chronos überlistete und ihn zwang, seine Kinder wieder von sich zu geben. Zeus verbannte seinen Vater, trat an seine Stelle und heiratete Hera, eine seiner Schwestern, die seine Königin wurde. Er begehrte jedoch nach der Schönheit Demeters. Als sie seine Annäherungsversuche zurückwies, verwandelte er sich in einen Stier und vergewaltigte sie. Das Ergebnis dieser Vergewaltigung war eine Tochter, die Kore (normalerweise als Kor-eh ausgesprochen, was «das Mädchen» bedeutet), ein goldenes Kind, von dem man sich Großes versprach und das die Mutter innig liebte. Ihre gegenseitige Liebe brachte die ganze Welt zum Blühen.

Eines Tages ging das Mädchen allein auf eine große, blühende Wiese, um für ihre geliebte Mutter Blumen zu pflücken. Dort fand sie eine dreiblättrige Narzisse, die so schön war, daß sie in Verzückung geriet. Sie bemerkte nicht, daß sich die Erde hinter ihr auftat. Zu spät fühlte sie die Arme ihres Onkels Hades, des Königs des Todes und der Unterwelt. Sie schrie vor Schrecken, als er sie ergriff und in sein Reich entführte.

Einige sagen, daß niemand ihre Schreie hörte. Andere berichten, daß ihr Flehen nur von der alten Einsiedler-Göttin Hekate, die still und von der Welt zurückgezogen in ihrer dunklen Hütte lebte, gehört wurde. Es wird überliefert, daß die Entführung des Mädchens nur von Helios, dem Sonnengott, gesehen wurde, der nicht eingreifen konnte. Gehört oder nicht gehört, gesehen oder nicht gesehen, es war geschehen. Demeter fühlte sich verlassen und verloren, alle Freude war aus ihrem Leben gewichen, und ihr einziger Lebenszweck bestand in einer scheinbar sinnlosen Suche nach ihrem verlorenen Kind. In Lumpen gekleidet und mit Asche der Trauer bedeckt, wanderte die älter werdende Mutter ganz verzweifelt über die Erde und fragte nach ihrer geliebten Tochter.

Demeters Verzweiflung wuchs, da mit dem Kind auch ihre Kreativität verlorengegangen war. Sie wanderte lange, lange Zeit und kam schließlich nach Eleusis. Hier lehnte sie sich traurig und total erschöpft an eine Mauer mitten im Dorf. Hier fanden sie des Königs Töchter, die Wasser holten. Sie hatten Mitleid mit der erschöpften alten Frau und nahmen sie mit sich nach Hause zu ihrer königlichen Mutter, die ein Kindermädchen für ihren kleinen Sohn brauchte. Die Mutter hieß Metaneira (möglicherweise von *metanoia*, was auf eine große Veränderung hindeutet). Obwohl man ihr das beste Essen und Trinken offerierte, trank Demeter nur etwas Gerstenwasser, ein kühlendes Getränk, das die Mäher zur Erntezeit tranken und das später zum göttlichen Getränk in Eleusis wurde. Sie trank nur das Getränk der Mäher, vielleicht um ihre eigene Ernte der Trauer zu betonen.

Wie Isis auf der Suche nach ihrem verlorenen Mann Osiris verkleidete sich Demeter in ihrer Trauer als alte Frau und nahm die Rolle des Kindermädchens an. Als Ersatz für ihre verlorene Kreativität wollte sie Metaneiras Kind unsterblich machen. Jede Nacht legte sie den Knaben in ein heiliges Feuer, bis sie in einer Nacht von den erschreckten Schreien der Mutter unterbrochen wurde. Da ließ Demeter den Jungen fallen und zeigte sich voller Wut in all ihrer blendenden Pracht. Die meisten Menschen würden bei einem solchen *numen* zu Asche verbrennen. Metaneira überlebte jedoch, um dafür zu büßen, daß sie den Ritus der Göttin unterbrochen hatte. Sie überwachte die Errichtung eines Altars und eines Tempels, wo sie als Priesterin die Rituale der Demeter ausführte.

Inzwischen suchte Demeter Hekate in ihrer einsamen Höhle auf, die ihr von den angsterfüllten Schreien ihres Kindes erzählte und sie darauf zu Helios sandte, wo Demeter schließlich vom Schicksal ihrer Kore erfuhr, die ins Land des Todes, in «das form- und substanzlose Reich von Hades»[155], entführt worden war. Die Wut, die in Demeter emporstieg, überfloß und brachte Krankheit, Unfruchtbarkeit und Tod über das ganze Land. Weder Pflanzen noch Tiere noch Menschen konnten sich weiter vermehren. Kein schöpferischer Akt war mehr möglich. Die ganze Welt wurde unfruchtbar, alles wurde vom feurigen Atem der Wut Demeters getötet.

Jenes Jahr war das grausamste seit Menschengedenken. Überall herrschte Hungersnot. Demeters Verwüstung hätte die ganze menschliche Rasse ausgerottet, hätte nicht der hohe Gott Zeus am Ende eingegriffen. Er befürchtete, daß es bald keine Menschen mehr geben würde, die die Götter verehrten. Er befahl seinem Bruder Hades, Königin Persephone freizulassen, damit sie zu ihrer Mutter zurückkehren könne. Hades wußte, daß er gehorchen mußte, und ließ sie zögernd gehen. Zuerst jedoch verführte er sie mit einem saftigen Granatapfel. Persephone wußte, daß sie in der Unterwelt nicht essen oder trinken durfte. Sie war jedoch so durstig, daß sie sich nicht beherrschen konnte, und sie nahm einen einzigen Kern in den Mund. Als sie ihrer Mutter freudig in die Arme stürzte, mußte Persephone ihr auch schon gestehen, daß sie die göttliche Frucht der Unterwelt und die Sexualität gekostet hatte. Sie hatte sich mit Hades vereinigt und war zu seiner Königin geworden. Durch die kurze Befriedigung ihrer Lust hatte sie sich an ihn gebunden. So erfuhr Demeter, daß ihre Tochter in endlosen Kreisläufen der Wiedergeburt ins Reich unter der Erde zurückkehren mußte, das sie nun mit Hades zusammen regierte.

Nachdem sich Mutter und Tochter wieder vereinigt hatten, sandte Zeus Rhea, Demeters Mutter und Kores Großmutter, zu Demeter, um sie zu bitten, die Erde wieder fruchtbar zu machen und an ihren Platz unter den Göttern auf dem Olymp zurückzukehren. Bald war das Korn wieder nachgewachsen, und die ganze Erde erblühte wieder. Demeter jedoch kehrte erst an ihren ehemaligen Platz zurück, nachdem sie der Menschheit folgende Lehre erteilt hatte:

«Es gibt ehrfurchtgebietende Geheimnisse, die niemand …
übertreten oder auskundschaften oder erzählen darf, denn
tiefe Ehrfurcht vor den Göttern verbietet die Stimme. Glücklich ist [derjenige] … auf der Erde, der diese Geheimnisse gesehen hat; sein Schicksal wird in der zukünftigen Welt glücklich sein. Der jedoch, der nicht eingeführt wurde … dem
werden solche guten Dinge nicht zufallen, wenn er tot ist,
unten in der Dunkelheit und im Düsteren.»[156]

Schließlich kehrte Demeter mit Persephone, die jedes
Jahr für eine gewisse Zeit bei ihr wohnen durfte, auf den
Olymp zurück und lebte mit ihren Angehörigen, jenen

«… ‹unsterblichen Göttern›, die weit entfernt vom Leiden
der sterblichen Menschen leben. … In ihrer Trauer und zur
Stunde ihres Todes konnten die Menschen die Göttin, die
getrauert hatte, und die Göttin, die gestorben war, um
Erbarmen bitten.»[157]

Demeters Verlust ihrer Tochter an die Unterwelt wider-
spiegelt die uralten Geschichten des Kreislaufes von Abstieg und Rückkehr. Eine der ältesten ist die Erzählung
von Inannas Reise durch die sieben Tore in die Unterwelt,
wo sie sich bis auf ihre Knochen auszog, bevor sie wieder
auftauchte.[158] Im Mythos von Demeter ging Persephone
als jungfräuliches Mädchen nach unten und kehrte als Königin zurück. Herausgerissen aus ihrem früheren, naiven
Zustand, war sie zu einem Kreislauf der ewigen Wieder-
kehr verurteilt. Dies war Persephones Fluch und Segen
wie auch das Leid und die Freude Demeters.

«Wenn die Erde mit duftenden Frühlingsblumen aller Art
blüht, dann sollst du aus dem Reich der Dunkelheit und der
Düsterkeit heraufkommen und einmal mehr zu einem Wunder für Götter und Menschen werden.»[159]

In der Zeit, in der die Berufstätigkeit aufgegeben wird und Veränderungen geschehen, mögen sich viele von den Lebensumständen und einem inneren Aufruhr verfolgt, beraubt und vergewaltigt fühlen. Wenn wir über den Verlust einer Arbeitsstelle oder bedeutender Menschen in unserem Leben verzweifelt sind, begeben wir uns ins Bild der Demeter und fühlen ihren Schmerz. Als Verlorene und Verlierer sehnen wir uns nach dem Verschwundenen, haben jedoch wenig Hoffnung, es ohne Hilfe wiederzuerlangen. Die Welt um uns herum trocknet aus, uns bleibt nichts als Verwirrung und Trauer. Unser Geist wandert durch fremde Gegenden und sucht nach Antworten.

Mit der Zeit versuchen wir vielleicht, das Verlorene durch eine neue Tätigkeit zu ersetzen. Wir reisen, studieren, meditieren, suchen nach geistiger Führung. Doch wie viele Tempel wir auch bauen und wie viele Riten wir auch ausführen – in unserer Psyche oder in der Außenwelt –, es kann geschehen, daß wir eine Zeit der Trauer und der Angst vor dem Altwerden durchmachen müssen. Dann fühlen wir, daß unsere kreativen Säfte ausgetrocknet sind. Eine ältere Analysandin sagte vor kurzem zu mir: «Wenn Sie eine Formel finden, wie man im Alter noch schöpferisch sein kann, geben Sie sie mir bitte.»

Es gibt jedoch keine Formel. Wir können nicht wissen, was wir mit dieser Phase unseres Lebens anfangen sollen. Wie Demeter suchen wir nach einer Antwort und hoffen auf einen göttlichen Eingriff. Schließlich wenden wir uns nach Innen und suchen nach der mythischen Hekate, der inneren weisen, alten Einsiedlerin, die die Laterne des

Mondbewußtseins hält, wie es Erich Neumann formuliert.[160] Dieses schwache Licht kann uns den Weg zu Helios, zu unserem leuchtenden Sonnenbewußtsein, weisen. Dann entdecken wir die Wahrheit: Wir haben unsere Jugend verloren, und wie stark wir uns auch bemühen, wir werden sie nicht zurückerhalten. Wie die Frau, die am Straßenrand einschlief und ihre Unterröcke verlor, haben wir uns unwiderruflich verändert. Wie sollen wir nun leben? Anstelle einer Formel, wie wir unsere frühere Kreativität wiedergewinnen können, finden wir vielleicht Hilfe, wenn wir tiefer in den Mythos eindringen.

Demeters griechischer Name ist De, was Delta bedeutet, das Dreieck, das ihre Dreigestaltigkeit darstellt. Einige Fachleute glauben, daß das Delta auf den alten Töpfen und Kultgegenständen die göttliche Vulva der Demeter und somit die Türe zu den Mysterien repräsentiert.[161]

Wenn wir eine «Vorraum-Erfahrung» durchmachen, stehen wir zwischen dem Alten und dem Neuen; die Türe hinter uns ist geschlossen und die vor uns noch ungeöffnet. Wir stehen in Demeters Tor, unter dem Türbalken, zwischen zwei Welten. Die eine ist «unsere Welt, die Welt, in der unsere Sonne scheint», und die andere ist «die Welt vor und außerhalb der Schöpfung ... [wo] alle Dinge ihren Ursprung haben»[162].

Demeters Tor führt zu den heiligen Mysterien, die in der Gebärmutter der Erde stattfanden und ins Jenseits führten, das nach der Überlieferung von Hades, dem damaligen Herrscher des Todes, regiert wurde.[163] Der Türbalken des riesigen Eingangs ins Grab von Agamemnon in Mykene ist in der Dreiecksform ihres Deltas gebaut. Männer und Frauen wurden zu ihren Mysterien zugelassen. Das griechische Wort *meter* bedeutet Mutter. Demeter ist die Muttergöttin der Erde und des Weiblichen. Sie ist auch dreifach: das Mädchen, die Mutter und die Weise Alte.

Eine Göttinnen-Dreiheit existierte schon lange vor Demeter. Kerényi berichtet, daß im alten Arkadien Hera, die Mutter der Götter, drei Formen hatte: Sie war Mädchen, erfüllte Frau und Frau der Trauer. Deshalb, so erinnert er uns, enthalten die Demeterfiguren immer ihre eigene Mädchenform wie auch die weise Alte Hekate, die Mondgöttin, die Kerényi das *«Doppel von Demeter selbst»*[164] nennt. Er fährt weiter:

> «Die knospenartige Idee der Verbindung zwischen drei Aspekten der Welt – Mädchen, Mutter und Mond – schwebt im Hintergrund der Dreiheit der Göttinnen im homerischen Hymnus. ... Der Dichter der *Theogonie* [Hesiod] preist sie als die mächtige Herrscherin der drei Reiche – Erde, Himmel und Meer.»[165]

Wie der Einsiedler/die Weise Alte im Tarot, trägt Hekate eine Laterne, um den Weg zu weisen. Hekate wird «die, welche das Licht bringt», genannt, die Herrscherin der Geister. Auch sie hat drei Gesichter.[166] Es ist noch eine offene Frage, ob sie vielleicht die andern zwei (Demeter und Kore) in sich trägt, obwohl sie in späteren Mythen – wie im «Hymnus für Demeter» – die am wenigsten wichtige ist und ihr Name kaum erwähnt wird. Wenn wir älter werden, leuchtet es uns ein, daß die Weise Alte das Mädchen und die Matrone in sich schließt, genau wie unser Leben all das enthält, was vorher geschah. Kerényi beschreibt die drei wie folgt:

«Eine kompakte Gruppe, eine Dreiheit aus unverkennbaren Individuen, so zeigt der Hymnus die drei Göttinnen: Mutter, Tochter und die Mondgöttin Hekate. Sie werden leicht verwechselt auf den göttlichen Monumenten, denn die Fackel scheint das Merkmal aller zu sein. ...

Die Griechen gaben den Namen ‹Hekate› einer Göttin, die mit dem Mond verwandt war, die die demetrische Natur und Kore-ähnliche Eigenschaften in sich vereinigte. ...

Die klassische Figur der Hekate steht steif und eigenartig in der griechischen Welt, auf ein Dreieck gebaut, mit Gesichtern, die sich in drei Richtungen wenden. Man versuchte, das Steife dieser Hekate-Statuen aufzulockern, indem die dreieinige Göttin in drei tanzende Mädchen aufgeteilt wurde.»[167]

Nach Kerényi begibt sich Hekate in anderen Versionen des Mythos ebenfalls in die Unterwelt, um Persephone zu suchen, entweder allein oder in Begleitung von Demeter.[168]

Die Mutter von Demeter war Rhea, und Gäa war ihre Großmutter. Alle drei waren Göttinnen der Erde und ihres Reichtums.[169] Chronos, Demeters Vater, ist uns heute eher unter seinem römischen Namen Saturn bekannt. Er ist es, der Gestalt und Form gibt, indem er Grenzen zieht und Regeln aufstellt. So kamen der grenzenlose Reichtum der ernährenden Mutter und die formgebende Einschränkung des gestaltenden Vaters zusammen, um göttliche Nachkommen zu schaffen, unter anderem Demeter und ihre Brüder Zeus und Hades.

Alle drei waren Kinder göttlicher Gewalttätigkeit und Vertreibung. Ihr Großvater Uranus, Zeuger der ganzen Welt, wurde von seinem Sohn Chronos verstümmelt und vertrieben. (Vom tropfenden Blut der Verstümmelung wurden die Rachegöttinnen und die monstruösen Giganten geboren.) Chronos verschluckte seine Kinder und wollte sie nicht leben lassen, damit sie ihn nicht ablösen konnten. Er hielt den Status quo aufrecht, indem er verhinderte, daß neue Möglichkeiten geboren würden. Er wollte alle Macht in sich selbst zurückhalten.

Durch einen Trick und mit Hilfe seiner Mutter entkam der Knabe Zeus seinem Schicksal und lebte, um seinen Vater von allem, was er verschluckt hatte, zu reinigen. Darauf schleuderte er ihn in die Tiefen des Universums und nahm seinen Platz als Herrscher der Götter auf dem Olympus ein, genau wie Chronos an die Stelle seines eigenen Vaters Uranus getreten war. Hades, der andere Sohn von Chronos, wurde Herrscher der Unterwelt. Chronos hatte die Gegensätze von Licht und Dunkel, Leben und Tod in undifferenziertem, nicht verwirklichtem Zustand in sich getragen. Nun wurde er ersetzt, und die Spaltung zwischen der oberen und der unteren Götterwelt war Wirklichkeit geworden. Zeus war noch immer der höchste Gott und hatte die Oberaufsicht über seinen Bruder. Mit der Erkenntnis, daß es mehr als eine Domäne im Königreich der Götter gab, bildete sich jedoch ein neues Bewußtsein.

Und wo paßt Demeter in dieses Bild? Was ist ihre Rolle? Auch sie hat königliches Blut, und zu Beginn des Mythos regiert sie über die Erde, die zwischen dem oberen und dem unteren Königreich liegt und diese miteinander verbindet. Die Erde und alle Lebewesen gehören in ihr Reich, wie es auch zur Zeit ihrer Mutter und Großmutter gewesen war. Ihr Bruder wollte jedoch die Erde und auch ihre strenge Schönheit besitzen. Wie konnte er in seiner Rolle als oberster Gott der Versuchung widerstehen, auch über sie zu herrschen?

Demeters männliche Verwandte scheinen alle Veränderungen durch Verstümmelung und Vertreibung zu erzwingen. Auch ihre eigene Wandlung und die ihres weiblichen Clans beginnt oft mit Geraubtwerden und Entführung. Die Änderung wird ihnen aufgezwungen. Einen solchen Zwang fühlen heutzutage Männer wie auch Frauen oft in ihrer Psyche. Neue Energien brechen durch gewalttätige Ereignisse ins Bewußtsein, die schwere Verluste mit sich bringen. Der «alte König», unsere dominierende, bewußte Einstellung, wird gnadenlos vom Leben zerschmettert, und etwas Neues ergreift die Macht. Wir haben das Gefühl, zerrissen zu werden. Der Sinn unseres Lebens wird uns weggenommen. Oder wir fühlen uns vergewaltigt, wenn neue Kräfte unbarmherzig die Abwehrmechanismen unserer alten, regierenden Komplexe durchdringen. Dies führt oft zu einer starken Bewußtwerdung dessen, was unterdrückt wurde, und wir machen eine Periode intensiver Wut oder Trauer durch, bevor wir eine neue Einstellung akzeptieren.

Wenn wir durch unsere späten Übergangsjahre irren, scheint wenig Hoffnung auf ein kreatives Ergebnis zu bestehen. Wie Demeter wandern wir ziellos umher. Wir suchen in Büchern nach Lösungen. Wir fragen andere nach ihrer Weisheit, und doch fühlen wir uns weiterhin verloren. Wir fürchten uns und sind desorientiert, wissen nicht, ob wir Golf spielen oder eine Reise unternehmen sollen, oder ob überhaupt irgend etwas uns geben kann, was wir brauchen.

Wir beteiligen uns vielleicht an den Plänen einer andern

Person und versuchen, sie mit unseren Energien «anzu-
feuern». Wenn wir keine Verbindung zu unserer eigenen
Kreativität mehr haben, können wir wenigstens die eines
anderen unterstützen. Oder wir helfen anderen dabei, sich
auf eine Wandlung vorzubereiten. Das ist jedoch kein Ersatz für die eigene Individuation. Wenn Eltern ihr eigenes
Leben nicht voll ausschöpfen, beeinflussen sie oft unbewußt ihre Kinder, es für sie zu tun. Wenn wir nicht an
unserem eigenen Prozeß arbeiten, können wir umgekehrt
unbewußt die Menschen, denen wir zu helfen versuchen,
dazu drängen, unsere statt ihre eigenen Träume zu leben.
Wie bei Demophon, dem Kind der Metaneira, das Demeter im Feuer unsterblich machen wollte, muß dieser
Plan scheitern. Etwas schreit erschreckt auf und reißt
das «Kind» weg.

Die Suche der Demeter/Hekate nach dem Verlorenen
ist eine bedeutende Aufgabe, vor allem für alternde
Menschen. Findet die Suche innerhalb des «Kessels» der
Analyse statt, heißt das, auf unsere Träume zu achten,
regelmäßig in die Therapie zu gehen und die Reaktionen des Körpers und der Psyche zu überprüfen. Es bedeutet, daß wir uns einem Prozeß unterordnen, der die
Energie einschränkt, die uns für äußere Tätigkeiten zur
Verfügung steht, während die Libido nach Innen fließt.
Es heißt noch mehr. Neumann schreibt, daß sich in Demeters Wiedervereinigung mit Persephone der umwan-
delnde Charakter des Weiblichen beim Heranwachsen des
jungen Mädchens zur Frau ausdrückt:

«Geraubtwerden, Anheimfallen, Untergang als Mädchen,
Sterben und Geopfertwerden steht im Mittelpunkt dieser Er-

eignisse, sei es, daß es am unpersönlichen Gott, dem ‹patriarchalen Uroboros›, oder schon personalisiert darin erfahren
wird, daß es von dem in jedem Sinne ‹fremden› Männlichen
genommen wird.

Zwar erscheint dieses Geschehen zunächst als ein Anheimfallen an das Männliche, aber diese Selbstaufgabe ist zugleich
im tiefsten Sinne ein Anheimfallen an das Weibliche, die
Große Göttin als weibliches Selbst. Erst wenn dies durch-
schaut oder im Mysterium gefühlsmäßig erfahren und erdul-
det wird, ist die Heuresis, die Wiedervereinigung der jungen
zur Frau gewordenen Kore mit Demeter, der Großen Mutter,
geglückt. Erst dann hat sich das Weibliche zentral gewandelt,
nicht so sehr dadurch, daß es Weib und empfangend Mutter
geworden ist, und damit die irdische Fruchtbarkeit und den
Bestand des Lebens garantiert, sondern dadurch, daß es sich
auf höherer Stufe mit der weiblichen Geistseite, der Sophia-
seite der Großen Mutter, vereinigt hat und so zur Mondgöttin geworden ist.» [170]

Wenn wir unserem Abstieg treu bleiben können, unsere
Energie nach Innen wenden und uns entschließen, unsere
alte Lebensweise zu opfern, macht unsere weibliche Energie eine radikale Wandlung durch. Wir sind nicht länger
in einem Vaterkomplex verhaftet, sondern hören die saturnische innere Stimme, die urteilt und kritisiert, auf
neue Weise. Wir beginnen, den zu erkennen, der alle
neuen Möglichkeiten unseres sich verändernden Lebens
verschluckt. Die Beziehung zwischen dem Ich und dem
Selbst ändert sich. Neue Einstellungen und Ideen entwickeln sich.

Wenn sich die Kore in uns zu verändern beginnt, werden
wir uns der Wandlung und Befruchtung bewußt, die entsteht, wenn unsere Energie in der reichhaltigen Dunkel-

heit der scheinbaren Niederlage und Verzweiflung keimt, und akzeptieren sie. Kore geht als Kind nach unten und kommt als Erwachsene zurück. Sie ist am Ende erwachsen genug, um ihren eigenen Platz unter den Göttern einzunehmen. Dieser Prozeß wird auch in der Bibel in einem der Briefe von Paulus an die Epheser beschrieben:

«Wir sollen nicht mehr Unmündige sein, wie auf Wellen hin und her geworfen und umhergetrieben von jedem Wind der Lehre durch das trügerische Spiel der Menschen, durch Schlauheit zu Verführung in Irrtum. Wir sollen vielmehr, die Wahrheit in Liebe festhaltend, in allen Stücken hinanwachsen zu ihm, der das Haupt ist, Christus.» [171]

Für Jung war Christus vor allem ein Symbol des Selbst.[172] Sich zu einem Menschen zu entwickeln, der mit dem Weiblichen vereint und der Zweigeschlechtlichkeit des Christus-Selbst näher ist, bedeutet, daß man nicht länger ein Kind im ursprünglichen Sinne ist. Man ist nicht länger naiv und unberührt. Das Individuum steigt, nicht länger unentfaltet, aus dem Unbewußten empor und bringt die beim Abstieg neu entdeckten Möglichkeiten mit sich.

In einigen Versionen des Demeter-Mythos ist Persephone schwanger, wenn sie zurückkommt. Das Kind wurde gezeugt, als sie den Samen des Granatapfels aß – ein Bild der Sexualität. Persephone entdeckt somit die Frau in sich. Ihr Kind ist Dionysos, der wiedergeboren wird als Dionysos Zagreus.[173] Sie kommt mit dem Wissen um die Macht der Auflösung und des Abstiegs zurück. Zagreus war ursprünglich eine Gottheit, die die Seelen der Toten in der Unterwelt empfing und bei deren Reinigung half.

Als die beiden Götter zu Dionysos Zagreus vereinigt wurden, verwandelte sich Dionysos vom «derben Gott des Weines und der Fröhlichkeit ... Gott des orgiastischen Deliriums» zu dem, was Plutarch beschrieb als «Gott, der zerstört wurde, der verschwand, der sein Leben gab und dann wiedergeboren wurde» [174].

Persephone bringt somit nicht nur das Lachen, die Ekstase und die Freude, die das Leben bringen kann, wenn wir zu Wein gereift, gestampft und gelagert sind, sondern auch das Wissen, daß das Verlorene in neuer Form wiedergeboren wird. Neumann schreibt:

«Ihre Lichtseite wird als ‹Frucht› ihres Wandlungsprozesses zum Lichtsohn, zum göttlichen Geistsohn, den sie geistig empfangen und geistig geboren auf ihrem Schoß hält, oder der ihr von ihrer schöpferischen Erdmutterseite heraufgereicht wird. ... Das Weibliche erfährt, daß es das Licht und den Geist zu gebären imstande ist, und zwar als einen Lichtgeist, der trotz aller Wandlungen und Untergänge ein Dauerndes und Unsterbliches ist. ... Denn auch die Gebärende ist im Mysteriengeschehen eine durch sich selbst Erneuerte. ... Die späte psychologische Erkenntnis, daß das matriarchale Bewußtsein der echte Mutterboden der geistigen Wachstumsprozesse ist, wird im Mysterium zum ‹Wissen› des Weiblichen ...» [175]

Diese psychologische Einsicht kann auch ein Mann haben, der die Kraft der weiblichen Dreiheit in seinem Leben erfährt. Dionysos kann in der Psyche beider Geschlechter gezeugt werden, wie auch beide während ihrer Individuation das Geraubtwerden, den Abstieg und die Zustimmung der Kore-Persephone erfahren können. Männern, die dem Alter entgegenreifen, kann es wie den

Frauen geschehen, daß sie herumwandern, trauern und suchen und im Mythos der Demeter gefangen sind. Mit der nötigen Hilfe kehren viele mit einer neuen Lebensperspektive zurück. Dies kann spontan geschehen. Es kann sich in einer momentanen Vision ereignen oder auf langsame, fast unsichtbare Weise. Schmerz nimmt uns mit nach unten. Von den Kräften der Psyche entführt, die die Griechen als Götter bezeichneten, verbringen wir einige Zeit in der Tiefe. Von Hades werden wir nach unten getragen. Demeter trauert um uns. Zeus ruft uns, wenn auch zögernd, zurück.

Über der Türe von Jungs Haus in Küsnacht steht ein lateinisches Zitat, das heißt: «Gerufen oder ungerufen erscheint Gott.» Wenn diese archetypischen Kräfte in Erscheinung treten, führen sie uns in eine mythische Geschichte ein, in ein mythisches Umfeld. Demeters Geschichte führt uns in einen solchen Mythos. Er spricht von der Jugend, von den mittleren Jahren und vom Alter. Er erzählt uns vom Schmerz unserer Verluste und von der Hoffnung, die die Wandlung bringt.

Eine moderne Demeter

Marion war schmerzerfüllt und quälte sich ab, als sie zu mir in die Analyse kam. Sie kannte den Mythos von Demeter nicht, doch wie die Göttin erlitt auch sie Verluste und befand sich auf dem Abstieg. Ihre Lebensfreude war ihr entrissen worden. Das durch äußere Umstände verursachte Leid war in ihren Körper und ihre Psyche gedrungen, so daß sie glaubte, unter einer tödlichen Krankheit zu leiden oder wahnsinnig zu werden. Sie hatte gegen ihre

Depression so stark wie sie nur konnte angekämpft, doch war sie noch immer einem vollständigen Zusammenbruch nahe.

Mit zwanzig Jahren hatte sie Ken geheiratet, der zwölf Jahre älter war als sie, sie zog fünf Kinder groß, sorgte ohne fremde Hilfe für ein riesengroßes Haus mit Garten und half ihrem Mann, der Wissenschaftler war, viele Stunden bei seiner Forschungsarbeit. Zwar sorgte Ken immer gut für die finanziellen Bedürfnisse der Familie (Marion hatte nie ein Scheckbuch geführt oder Rechnungen bezahlt), doch war er während des größten Teils ihrer Ehe entweder körperlich oder gefühlsmäßig abwesend. Es war ihm aufgrund seiner eigenen Vergangenheit unmöglich, eine enge Verbindung aufrechtzuerhalten.

Als Marion achtundfünfzig war, erlitt ihr Mann einen tödlichen Herzanfall. Innerhalb des darauffolgenden Jahres starben ihre beiden Eltern ebenfalls. Die Kinder waren erwachsen, und Marion befand sich allein in einem großen Haus und einem «großen, leeren Leben». Sie begann sich große Sorgen um ihr eigenes körperliches Wohl zu machen. Sie fühlte sich «verwirrt» und «von der Welt abgeschnitten» und konnte sich nicht mehr an Namen oder Verabredungen erinnern. Oft fing sie mit einer Arbeit an und vergaß, was sie eigentlich wollte. Sie wurde vom Gedanken verfolgt, daß sie Alzheimer habe und sterben werde. Wiederholt hatte sie äußerst starke Darmschmerzen und ein Gefühl, als ob ihre Eingeweide herausfallen würden. Oft war sie danach so müde, daß sie am Morgen kaum aufstehen konnte. Sie ging nicht mehr fort. Sie aß nicht mehr richtig. Als ihre Kinder sie besuchten, waren sie schockiert über die Verschlechterung ihres

Zustandes und bestanden darauf, daß sie zum Familien-
arzt ging.

Medizinische Untersuchungen zeigten nur unbedeu-
tende Leiden. Ihr Arzt versuchte sie zu beruhigen und
erklärte, daß sie neben den normalen Altersbeschwer-
den eine klassische Trauerreaktion hatte. Er empfahl ihr
Vitamine und ein bekanntes Beruhigungsmittel, um ihr
«über den Berg» zu helfen.

Meistens vergaß sie, die Vitamine zu nehmen. Das Beruhigungsmittel verstärkte nur noch das Gefühl, daß sie in
einer Dämmerwelt lebe und auf den Tod warte. Oft verbrachte sie den Tag im Bademantel und ging ziellos im
Haus umher. Sie sagte sich, daß sie ausgehen und aktiv
sein müsse, konnte sich jedoch nicht entscheiden, was sie
anziehen oder wohin sie gehen sollte. Ihre Einbildung
spielte ihr Streiche. Sie hörte, wie das Auto ihres Mannes
in die Garageneinfahrt fuhr und die Hintertür aufging. Sie
konnte beinahe sehen, wie er im Gang um die Ecke kam.

Als sich ihr Zustand weiterhin verschlechterte und die
kompliziertesten medizinischen Tests nur negative Resul-
tate ergaben, empfahl ihr der Arzt die Psychotherapie. Zuerst hörte Marion nicht auf ihn. Niemand in ihrer Familie
hatte je fremde Hilfe für persönliche Probleme benötigt.
Sicherlich war sie stark genug, selbst damit fertigzuwerden. «Ich habe mich offensichtlich immer als Superfrau
gesehen», sagte sie in unserem ersten Interview. «Nichts
konnte mich je einschüchtern. Nun bin ich jedoch verloren. Ich fühle mich immer unsichtbarer, als ob ich am
Verblassen sei.»

In den ersten Therapiestunden konnte sie nicht einmal
weinen. Ihr ganzer Affekt schien irgendwo eingeschlossen

zu sein. Gewiß hatte sie eine Trauerreaktion; die lange Dauer wies jedoch auf etwas anderes hin, das durch ihren Verlust in Bewegung gesetzt worden war. Sie schien in einer Halbwelt zu leben, in der der größte Teil ihrer Libido im Unbewußten lag und dem äußeren Leben nicht zugänglich war.

Meine Arbeit mit Marion war einer der Keime zu diesem Buch. Als ich mich in ihren Schmerz einzufühlen versuchte, erkannte ich, wie wenig wir über die Symptome oder die Aufgaben in dieser Zeit der Verluste des späten Lebens wußten, in der sich Marion so sehr von ihrem alten Leben und ihrem vertrauten Selbst entfremdet fühlte. Nur meine Kenntnisse über Gerontologie und das Wissen um die Jungsche Vorstellung, daß man die Abwehr achten müsse, auch wenn sie noch so funktionsunfähig erscheint, gaben mir den Mut, mit dem offensichtlichen Zerstörungsprozeß in Verbindung zu bleiben. Ihre Angst vor dieser Zerstörung hielt sie in einer dunklen Unterwelt gefangen, die voll lähmender Gespenster war.

Marion suchte nach Erleichterung von ihren Symptomen und hoffte auf eine Rückkehr ihrer Energie, doch die Hartnäckigkeit ihres Prozesses führte zu körperlichen wie auch psychischen Darmkrämpfen. Sie konnte sich einfach nicht lösen. Ich suchte nach etwas, das uns über die anfängliche Anamnese hinausführen könnte. Ihre körperlichen Symptome nahmen eine neue Bedeutung an. Es schien, daß sie damit kämpfte, sich selbst zu finden. Das Kind ihrer neuen Lebensweise war noch im Unbewußten verloren, doch wurde es zum Mittelpunkt einer Suche, bei der Hekates Mondlicht mithalf.

Es dauerte einige Zeit, bevor sie sich selbst eingestehen

konnte, daß es nicht nur der Tod ihres Mannes war, der sie gelähmt und in einen Zustand der Hoffnungslosigkeit und Verzweiflung versetzt hatte. Sie hatte auch Angst vor der Zukunft und vor den Veränderungen, die ein Leben ohne seinen Schutz oder den ihrer Eltern mit sich bringen würde. Eine Wandlung war erforderlich, doch die einzige Veränderung, die sie sehen konnte, war Krankheit und Tod. Eine Zeitlang fühlte sie sich so verblaßt, daß ich befürchtete, sie würde ihrem Mann ins Grab folgen. Wir litten beide darunter. Sie schien sich keine Zukunft vorstellen zu können. Da hatte sie einen Traum:

Meine Mutter sucht draußen nach einem verlorenen Kind. Es ist dunkel bis auf eine schmale Mondsichel. Ich sehe, wie mein Vater aus dem Fenster schaut, doch kommt er nicht heraus, um zu helfen. Es ist fast so, als ob er eine Ahnung hätte, wo man suchen könnte, es jedoch nicht tut. Er wartet einfach, um zu sehen, was geschieht. Meine Mutter sucht überall; sie schaut umher und ruft. Ich sehe, wie sie dabei ist, in den Wald hineinzugehen. Ich will ihr zurufen und sagen, sie solle es nicht tun. Du darfst dort nicht hinein. Irgendwo dort drin könnte das Kind in einer Falle sein oder gefangengehalten werden.

Marions Abwehrhaltung machte es unmöglich, direkt mit dem Traummaterial zu arbeiten. Statt dessen ermutigte ich sie, den Mythos der Demeter-Persephone zu lesen. Sie sah sofort Parallelen zwischen der Suche Demeters nach ihrem verlorenen Kind und ihrem eigenen Traum. Dies war ein Wendepunkt in unserer Arbeit. Als sie sich mehr in den Mythos vertiefte, entdeckte sie alte, vergrabene Erinnerungen über ihr Leben mit einem abwesenden, frommen, alleinherrschenden Vater, den sie gleichzeitig bewunderte und fürchtete. Er und ihr Mann hatten für ihr leibliches Wohl gesorgt, doch hatten sie sie auch wiederholt als eine Erweiterung ihrer selbst behandelt. Erst lange nachdem beide gestorben waren, wurde es ihr langsam bewußt, wie sehr sie als Mädchen unter ihrer Fürsorge gelebt hatte.

Im Traum schien ihr Vater, obwohl er sich abseits befand, geahnt zu haben, was vor sich ging. Oft stellt der Vater im Traum die bewußte Einstellung des Träumers dar. Dies schien bei Marion der Fall zu sein, denn bis zu jenem Zeitpunkt konnte sie sich nicht voll an der analytischen Arbeit beteiligen. Es war, als ob die männliche Energie, ihr Animus, eher ein Beobachter als ein Mitbeteiligter war.

Als kleines Mädchen mußte Marion ein übermäßig gutes Kind sein, um die Bedürfnisse ihrer Eltern zu befriedigen. Ihre Mutter war während ihrer Kindheit oft krank. In ihren Sechzigerjahren kämpfte Marion noch immer damit, das «goldene Kind» zu sein, das gute Mädchen, das alles in Ordnung brachte. Der Tod ihres Mannes und ihrer Eltern war verheerend. Sie hatte sie nicht retten können. Ihre Schuldgefühle über ihren Tod trieben das gute, kleine Mädchen symbolisch in einen dunklen Ort der Verzweiflung. Marions Lebensfreude verschwand zusammen mit jenem goldenen Kind. Ihre alte, unbewußte Zufriedenheit und ihr Vertrauen in Gott wurden von ihrem Schmerz und ihrer Wut verbannt. Sie fühlte sich wie das Kore-Mädchen, das aus seinem früheren glücklichen Leben herausgerissen worden war. Noch mehr jedoch fühlte sie sich wie Demeter, die um ihren Verlust trauerte und über die Erde wanderte auf der Suche nach ihrem mädchenhaften Selbst.

Wer war dieses leuchtende, geraubte Kind, das sich so in der Narzisse verloren hatte, daß es das drohende Schicksal nicht erkannte? Wir alle müssen diese Frage beantworten, wenn wir in die «weisen Jahre» kommen. Wer ist das leuchtende Kind in uns, das unschuldige und narzißtische Wesen, das mit zunehmendem Alter plötzlich weggerissen wird? Für Marion war es das gute, kleine Mädchen. Es änderte nichts daran, daß es ein «falsches Selbst» war, das sich aufgrund der narzißtischen Bedürfnisse der Eltern gebildet hatte. Ohne diese Identität fühlte sich Marion wie tot. Sie wollte ihre Unschuld wiederhaben.

Wir alle haben schon die Unschuld und den gesunden Narzißmus der Drei- oder Vierjährigen gesehen. Ich erinnere mich an ein kleines Mädchen, das lernte, von einer Treppenstufe zur andern zu springen, während es mit seiner Mutter zu Besuch bei einer Freundin war. «Schau mal, Mutti», rief es immer wieder. «Schau MICH an!» Seine Freude an sich selbst und an seiner Leistung war ansteckend. Sein Gefühl, der Mittelpunkt zu sein, war entzückend. Glücklicherweise konnte seine Mutter ihr Erwachsenengespräch unterbrechen, um das Kind in seiner Freude, mit der es sich selbst feierte, zu bestätigen.

Wenn wir erwachsen werden und uns als eine unter vielen Personen sehen, vermindert sich natürlich das Wunder unserer Leistungen. Wenn wir die Bedürfnisse anderer vor die unseren stellen, wie es Marion zu tun gelernt hatte, erkennen wir oft erst, wie unentwickelt wir dabei bleiben, wenn ein Trauma in unsere zufriedene Welt eindringt.

Wir sind vielleicht schon lange in den Jahren, in denen wir uns zu weisen Alten entwickeln, wenn wir herausgefordert werden, unsere eigene Persephone zu finden. Das mag mit ein Grund sein, weswegen wir uns im Alter so unsichtbar und von der äußeren Gemeinschaft abgeschnitten fühlen. Dieses Kind in uns ist mehr als nur das Kind unserer Vergangenheit, das Kind, welches unsere Eltern sich wünschten und beeinflußten. Traumatische Erlebnisse tragen das Kind unserer Vergangenheit, der wir entwachsen sind, weg ins Unbewußte, wo es sich in der Unterwelt der Verzweiflung ändert. Wie Persephone wird das Kind zu einer Frau und die Frau zur Königin. Wenn diese zurückkommt, blüht die ganze Welt. Sie kommt zurück, schwanger mit dem Kind der Zukunft.

Wir alle haben immer neue Artikel über «das innere Kind» gelesen, die uns sagen, wie wir diesen Teil von uns selbst retten, heilen und wandeln können. Sie sprechen davon, wie wir das natürliche Kind, das wir waren, bevor es durch einen Schicksalsschlag Schaden erlitt, wiedergewinnen können. Ist es das, was wir wollen, wenn wir das Verlorene oder das unserem Leben Fehlende suchen? Gewiß kann das Heilen des persönlichen verletzten Kindes enorm befreiend wirken. Aber ist es das, was Persephone und ihr Kind darstellen?

Jung schrieb über das «göttliche Kind»:

«Es ist vielleicht nicht überflüssig zu bemerken, daß ein laienhaftes Vorurteil stets geneigt ist, das Kindmotiv mit der konkreten Erfahrung ‹Kind› in eins zu setzen ... In der psychologischen Wirklichkeit ist die empirische Vorstellung ‹Kind› aber nur Ausdrucksmittel (und nicht einmal das einzige!), um einen nicht näher zu fassenden seelischen Tatbestand auszudrücken. Darum ist auch die mythologische Kindvorstellung ausdrücklich keine Kopie des empirischen ‹Kindes›, sondern ein als solches klar erkennbares Symbol: es handelt sich um ein göttliches, wunderbares, eben gerade nicht menschliches Kind …»[176]

«Ein wesentlicher Aspekt des Kindmotives ist sein Zukunftscharakter. Das Kind ist potentielle Zukunft. Daher bedeutet das Auftreten des Kindmotives in der Psychologie des Individuums in der Regel eine Vorwegnahme künftiger Entwicklungen … Das entspricht genau den Erfahrungen der Psychologie des Einzelnen, welche zeigen, daß das ‹Kind› eine zukünftige Wandlung der Persönlichkeit vorbereitet. Es antizipiert im Individuationsprozeß jene Gestalt, die aus der Synthese der bewußten und der unbewußten Persönlichkeitselemente hervorgeht. Es ist daher ein die Gegensätze vereinigendes Symbol, ein Mediator, ein Heilbringer, das heißt Ganzmacher.»[177]

Für Marion enthielt die Zukunft keine Hoffnung ohne ihre Eltern und ihren Mann, die ihrem Leben einen Sinn gegeben hatten. Als wir mit unserer Arbeit begannen, konnte sie sich keine zukünftige Entwicklung vorstellen. Es war Winter in ihrer Psyche, und nichts wuchs. Immer wieder fragte ich mich, ob es nicht von Vorteil wäre, ihr Medikamente verschreiben zu lassen. Immer wieder fühlte ich mich wie Gäa, die alte Großmutter, die Komplizin des Verführers[178], die es erbarmungslos zuließ, daß das Mädchen zu seiner eigenen Wandlung entführt wurde, ungeachtet der Form, die diese annahm.

Es dauerte lange, bis Marion ein Gefühl für in der Zukunft liegende Möglichkeiten entwickelte. Sie mußte zuerst den Tod ihrer Eltern, ihres Mannes und ihrer selbst als gutes kleines Mädchen akzeptieren, desgleichen ihr eigenes Schuldgefühl, ihren Schmerz und ihre Wut. Wie Demeter suchte und trauerte sie und versuchte Ersatzlösungen. Sie begann sich mit ihrer eigenen Sterblichkeit auseinanderzusetzen und fragte sich, wie sie einst ihrem eigenen Tod gegenübertreten werde.

Allmählich kam sie aus ihrer Depression heraus. Nach einiger Zeit zog sie in ein für ihre Bedürfnisse geeigneteres Haus. Zum ersten Mal in ihrem Leben begann sie zu malen und fand großes Vergnügen daran. Ohne ihre Verluste zu leugnen, konzentrierte sie sich mehr auf die neu entdeckte Kraft. Sie wußte nun, daß sie dunkle Zeiten überwinden konnte, und erkannte, daß neues Leben in der Dunkelheit keimte. Zum ersten Mal prüfte sie ihr Leben und wurde mit einem Gefühl ihrer selbst und ihrer eigenen Kreativität und mit dem Mut, der Zukunft entgegenzusehen, belohnt. In ihrem Leben widerhallten nun Jungs Worte, die er nach seinen eigenen Prüfungen im späten Leben äußerte, als er betonte, «wie wichtig es ist, sein eigenes Schicksal zu bejahen» [179].

Marion hatte tatsächlich begonnen, ihr eigenes Schicksal zu bejahen. Die Schmerzen in ihrem Darm verschwanden. Sie war fast an den unverständlichen Dingen, die ihr zugestoßen waren, zerbrochen, aber mit Hilfe der Therapie hielt sie durch. Als sie das erste Mal zu mir kam, erschien sie mir wie ein Kind. Wie ich dann ihre Entwicklung verfolgte, vor allem nach dem Traum vom verlorenen Kind, war ich beeindruckt, wie sich ihr Gesicht, ihre Haltung und ihr Selbstbewußtsein veränderten. Als wir unsere Arbeit zusammen beendeten, konnte ich nicht nur das Kind in ihr sehen, sondern auch die Mutter und die weise Alte. Sie beließ ihr Haar in seiner natürlichen Silberfarbe. Ihre Stimme, die vorher hoch und hauchig war, hatte eine selbstbewußtere Klangfarbe entwickelt. Körpertherapie half ihr, sich wohler in ihrer Haut zu fühlen; sie bewegte sich weniger befangen und mit mehr Freiheit. Ihr Leben war nicht leicht. Manchmal war sie sehr einsam. Hie und da geriet sie noch immer in Panik, wenn sie daran dachte, im Alter allein zu sein.

Vor kurzem erhielt ich eine Mitteilung von ihr, daß ich ihre Unterlagen für dieses Buch verwenden dürfe. Die Bedeutung ihrer Verbindung mit Demeter kommt in ihren Worten klar zum Ausdruck:

«Ich hoffe, daß Ihnen das, was während der Jahre unserer Zusammenarbeit vor sich ging, verständlich ist. Ich war so tief und während so langer Zeit in der Unterwelt, daß es auch jetzt noch schwierig für mich ist, alles zu verstehen. Ich weiß nur, daß ich einen Teil von mir selbst verloren habe, daß ich wie Demeter trauerte und mich so alt wie Hekate fühlte. Ich glaube jedoch, daß mir Persephone jetzt am meisten bedeutet. Mir ist, als ob ich ein Geheimnis entdeckt hätte, während all dies geschah. Ich lernte, daß sich etwas, das stirbt, ändert und in neuer Form zurückkommt. Dies geschieht nicht nur einmal, nicht wahr? Es passiert immer wieder. Es ist, als ob man die gleiche Szene immer wieder malt. Jedes Mal ist sie anders. Mein Leben ist jetzt wirklich anders. Die gleichen Hochs und Tiefs, irgendwie berühren sie mich jedoch nicht gleichermaßen wir damals. Ich weiß, daß es ein Kreislauf ist. Manchmal fühle ich mich wirklich alt. Heute jedoch fühle ich mich schwanger! Ich muß aufhören, da ich am Malen bin.»

Marions *metanoia* gehörte ihr allein. Sie war keine Imitation von Jungs Erfahrung oder der *metanoia* der Frauen, die er liebte. Sie paßte in keine gerontologische Theorie. Meistens schien sie in überhaupt keine Theorie zu passen. Doch Marion ließ ihre alten Lebensweisen und Einstellungen zurück und ging auf ihre eigene Art und mit ihren eigenen Ergebnissen weiter. Der Mythos von Demeter, Hekate und Persephone wurde mehr als eine aktive Imagination für sie. Er gab ihr einen Rahmen für ihre Erfahrungen. Durch ihn nahmen ihre Verluste Bedeutung an, und sie durfte hoffen, über ihre Verzweiflung hinwegzukommen.

Viele Frauen, die dem Alter entgegenreifen, haben ähnliche Erfahrungen gemacht. Anne, eine Frau, die sich in einer Übergangszeit befand, träumte, daß sie ihre Tochter, in eine zerlumpte Steppdecke gewickelt, zurückgelassen hatte und diese nun schluchzend in einer Ecke ihres alten Hauses lag. Erst nachdem sie das Kind wiedergefunden hatte, konnte sie sich auf das konzentrieren, was vor ihr lag.

Der siebzigjährige Gordon war dabei, eine zerbrochene romantische Beziehung zu überwinden, von der er sich erhofft hatte, daß sie ihn aus seiner Depression herausholen würde. Er stieg an seinem Wohnort einen Hügel hinunter und schaute sich einen wunderbaren Sonnenuntergang an. Plötzlich erkannte er, daß *metanoia* tatsächlich fortwährende Änderung bedeutete, nicht nur seiner selbst, sondern von all seinen Träumen und Erwartungen des späten Lebens. In jenem Moment, während er mit dem Schmerz seines Opfers kämpfte, begann er den Krieg in seiner Seele zu akzeptieren. Nun wußte er, daß er überleben würde und mit seinem Schicksal fertigwerden konnte, auch ohne die «große Liebe» seines Lebens. Er erkannte, daß er eine schwierigere und anspruchsvollere Aufgabe erhalten hatte. In jenem Moment fand eine große innere Verschiebung statt. Seine Niederlage hatte sich in einen Sieg über Depression und Verzweiflung verwandelt. Äußerlich hatte sich nichts geändert, aber er hatte sich selbst und sein Leben zurückgewonnen.

Solche Erfahrungen bestätigten meinen Glauben, daß Jungs Vorstellung der *metanoia* ebensogut auf die Wandlung des späteren Lebens anwendbar ist wie auf die Änderungen der mittleren Jahre. Wir, die wir uns in diesem Übergang befinden, haben eine wichtige Aufgabe vor uns: unsere späten Fünfziger- und unsere Sechzigerjahre zu erforschen und so zu leben, daß sie zum Verständnis der Prüfungen und Triumphe der Menschen, die dem Alter entgegenreifen, beitragen. Dazu müssen wir die Gegensätze – gut–böse, bewußt–unbewußt, Hoffnung–Verzweiflung, Jugend–Alter – in uns selbst, unserem Körper und unserer Welt erkennen.

Am Anfang werden wir wahrscheinlich wie ein Pendel von einem Extrem ins andere schwingen und uns durch die Spannungen hin- und hergerissen fühlen. Zum Alterungsprozeß gehört offenbar der Wunsch, sich mit der versöhnenden Energie, die diese Extreme ausgleicht, zu verbinden – mit der Energie, die aus dem kommt, was Jung die transzendente Funktion nennt. Findet diese Versöhnung statt, werden wir uns bewußter, auf welche Weise diese Gegensätze im alltäglichen Leben zum Ausdruck kommen.

Vielleicht gelangen wir auch zu einem Punkt, an dem ein Gleichgewicht vorhanden ist und wo wir Augenblicke der Ruhe und des Friedens erleben.

Menschen, die mit den Schwierigkeiten des Übergangs in ihren Fünfziger- und Sechzigerjahren kämpfen und bewußter werden, versöhnen sich oft mit ihrer langen und häufig schmerzlichen Geschichte, denn sie wissen, daß diese ihren Geist gestählt und ihrem Leben Form gegeben hat und es weiterhin tun wird, solange sie leben. Dies geschah Gordon und auch vielen andern. Sie erleben ihre Reifezeit ins Alter bewußt und kennen die kleinen Todeserlebnisse ihres Abstiegs und die Wiedergeburt ihrer Rückkehr.

Erkennen wir, daß wir zu einem Kreislauf gehören, der uns periodisch ins Dunkle des Unbewußten hinunterzieht und uns danach wieder ans Licht zurückbringt, wo wir blühen können, beginnen wir uns selbst auf neue Weise zu verstehen. Das Reifwerden für das Alter wird dann zu einer aufregenden Entdeckungsfahrt, auf der wir den Weg in die Zukunft unseres Lebens und darüber hinaus finden.

Dank

Ich möchte David Tresan danken, der 1990 an der «Ghost Ranch»-Konferenz eine Arbeit präsentierte, in der er auf die Möglichkeit einer *metanoia* im späten Leben hinwies, wie sie sich in Jungs Sechzigerjahren zeigte. Dies führte zu einem «Aha-Erlebnis» in mir und gab mir den Fokus für meine eigenen Ideen.

Ich möchte mich auch bei denen bedanken, die mich zu wichtigen Zeiten großzügig körperlich und geistig nährten. Linda Carter, Joe Cambray, Jackie Schectman und Margaret Smalzel sind nur vier von vielen. Sie waren da für mich, wenn ich eine Beziehung brauchte, und verstanden es und waren taktvoll, wenn ich für mich allein sein wollte. Viele der Grundbegriffe dieses Buches formten sich über die Jahre hinweg in Gesprächen mit anderen Analytikern und Lehrern am C.G. Jung-Institut in Boston. Ihr Beitrag ist unschätzbar.

David Hart verdient es, besonders erwähnt zu werden. Mit seinem stillen Verständnis und seiner sanften, unaufdringlichen Art hat er den Keim dieses Buches gehegt.

Viele außergewöhnliche alte Menschen der vergangenen Generation, einschließlich meine Eltern und Großeltern, haben mehr, als ich es ausdrücken kann, zu meinem Verständnis der Weisen Alten in ihrer unglaublich vielfaltigen Gestalt beigetragen. Hansi Greer, die meine erste Jungsche Lehrerin war und es bis zu ihrem Tod kurz vor ihrem achtzigsten Geburtstag blieb, verdient einen besonderen Platz.

Ganz speziell erwähnen möchte ich mehrere anonyme Menschen, die es mir erlaubten, ihre Geschichten und Träume diesem Buch beizufügen. Indem sie den Reichtum ihrer Erfahrungen mit uns teilen, geben sie uns allen ein Geschenk.

Meine Lektorinnen waren mir beides, Freude und Herausforderung. Ich bin Daryl Sharp und Victoria Cowan von Inner City Books und Suzi Naiburg in Cambridge außerordentlich dankbar. Sie sind mir während der Hochs und Tiefs bei der Vorbereitung des Manuskripts für die Veröffentlichung geduldig beigestanden.

Meine Familie von drei Generationen hat mich während vieler Jahre Jungscher Arbeit herausgefordert und unterstützt. Ich bin dankbar und stolz, daß wir die Belastungen der familiären Beziehungen überlebt haben und noch immer zusammen sind.

Schließlich möchte ich denjenigen danken, die sich in dieses Werk vertieften und es während seiner Entwicklung auf konstruktive Weise kritisierten. Ihre Namen würden Seiten füllen. Spezieller Dank geht an Dian Reynolds, die einen Teil der ersten Bearbeitungen vornahm, an Susanne Short, die mich als erste ermutigte, das Original in ein Buch umzuwandeln, und an Robert Bosnak, der es durch seine andauernde Unterstützung in die Welt setzte.

Anmerkungen

[1] Jung, Gesammelte Werke (im folgenden abgekürzt als GW) Band 5, S. 15.

[2] Jung, *Erinnerungen, Träume, Gedanken*, S. 301.

[3] Wheelwright, *For Women Growing Older*, S. 44.

[4] von Franz, *Der Schatten und das Böse im Märchen*.

[5] Jung, *Erinnerungen, Träume, Gedanken*, S. 300f.

[6] Jung, GW 5, S. 15.

[7] Siehe Hanbrich, *Medical Meanings*, S. 151.

[8] Siehe Jung, GW 9/II, § 368.

[9] Johannes 1:5.

[10] Stein, *In Midlife*, S. 3.

[11] Siehe Gordon, *Dying and Creating*.

[12] Young-Eisendrath und Wiedemann, *Female Authority*, S. 214.

[13] Siehe Jung, GW 16, «Die Psychologie der Übertragung», § 484.

[14] Siehe Turner, «Betwixt and Between. The Liminal Period in Rites de Passage» in *The Forest of Symbols*.

[15] Stein, *In Midlife*, S. 9.

[16] Stevens, *Archetypes*, S. 164.

[17] Berry, «What's the Matter with Mother?» in *Fathers and Mothers*, S. 101.

[18] Lao-tse, *Tao de Ching*, Nr. 20 (von der Autorin abgeändert), übersetzt von Christa Polkinhorn.

[19] Doress, Siegal et al., *Ourselves Growing Older*.

[20] Scott-Maxwell, «We are the Sum of Our Days» in *The Listener*.

[21] Jung, *Erinnerungen, Träume, Gedanken*, S. 301.

[22] Jung, GW 17, «Vom Werden der Persönlichkeit», § 290.

[23] Ibid., § 293ff.

[24] Ibid., § 299f.

[25] Ibid., § 300.

[26] Ibid., § 323.

[27] Siehe Jaffé, *C. G. Jung*.

[28] Siehe Halifax, «Elders as Healers».

[29] Jung, *Briefe I*, S. 294.

[30] Ibid., S. 309.

[31] Ibid., S. 341.

[32] Ibid., S. 347.

[33] Ibid., S. 348.

[34] Ibid., S. 355.

[35] Jung, *Letters, 2,* S. XXXIV.

[36] Siehe Jung, GW 10, besonders «Zur gegenwärtigen Lage der Psychotherapie», § 353f.

[37] Jung, *Briefe I,* S. 372.

[38] Ibid., S. 382f.

[39] Ibid., S. 383.

[40] Ibid.

[41] Jung, GW 13, § 239–303.

[42] Jung, *Briefe I,* S. 395.

[43] Ibid., S. 396, Anmerkung 5.

[44] Ibid., S. 416.

[45] Ibid., Anmerkung 4. *Mysterium Coniunctionis* entspricht GW 14.

[46] Ibid., S. 444.

[47] Ibid., S. 397.

[48] Ibid.

[49] Siehe den Briefwechsel Freud/Jung.

[50] Diese Fotografie ist abgedruckt in Jung, *Der Mensch und seine Symbole,* S. 26 (Toni Wolff ist jedoch nicht mit Namen bezeichnet).

[51] Siehe Wagner, *Matter of Heart,* S. 16.

[52] Siehe van der Post, *Jung and the Story of Our Time,* S. 177.

[53] Ibid., S. 175.

[54] Grundriß und Diskussion ihres Modelles erscheinen in Williams, *Border Crossings,* S. 119–121.

[55] van der Post, *Jung and the Story of Our Time,* S. 177.

[56] Siehe Hannah, *Jung,* wie auch die Biographien, verfaßt von van der Post und von Franz.

[57] van der Post, *Jung and the Story of Our Time,* S. 170f. (Toni Wolffs Schriften erschienen unter dem Titel *Studien zu C. G. Jungs Psychologie).*

[58] Hannah, *C. G. Jung.*

[59] Jung, *Briefe I,* S. 444.

[60] Jung, *Erinnerungen, Träume, Gedanken,* S. 300.

[61] Ibid.

[62] Ibid., S. 300f.

[63] Jung, *Briefe II,* S. 33.

[64] Ibid., S. 64.
[65] Ibid., S. 100.
[66] Jung, GW 9/II.
[67] Abgebildet in Jaffé, *C. G. Jung*, S. 204f.
[68] Jung, *Erinnerungen, Träume, Gedanken*, S. 231.
[69] Ibid.
[70] von Franz, *C. G. Jung*, S. 290, Fußnote 64.
[71] Macduff, *Lords of the Stone*, S. 23.
[72] Jung, *Erinnerungen, Träume, Gedanken*, S. 301.
[73] Halifax, «Elders as Healers».
[74] Walker, *The Crone*, S. 52.
[75] Ibid., S. 59.
[76] Callahan, *Setting Limits*, S. 226.
[77] Scott-Maxwell, «We are the Sum of Our Days» in *The Listener*, S. 3.
[78] Jung, GW 9/II, § 125.
[79] Jung, GW 9/I, «Psychologie der Wiedergeburt», § 213.
[80] Ibid., § 278.
[81] Siehe Winnicott, *Reifungsprozesse und fördernde Umwelt*.
[82] Jung, GW 8, «Die transzendente Funktion», § 145.
[83] Erich Neumann glaubt, daß eine Änderung in der bewußten Einstellung nichts bewirkt, wenn nicht gleichzeitig Änderungen in den unbewußten Bereichen der Persönlichkeit stattfinden. Siehe *Kunst und schöpferisches Unbewußtes*.
[84] Jung, GW 17, «Vom Werden der Persönlichkeit», § 290.
[85] Erikson, *Childhood and Society*, S. 231.
[86] Gutmann, «Psychoanalysis and Aging» in *The Course of Life*, S. 493f.
[87] Jung, GW 8, «Die Lebenswende», § 788.
[88] Gould, «Transformational Tasks in Adulthood» in *The Course of Life*, S. 57.
[89] Samuels, *Jung and the Post-Jungians*, S. 115.
[90] Ibid., S. 141.
[91] Siehe Neugarten, *Middle Age and Aging*; Huyck und Hoyer, *Adult Development and Aging*; Cumming und Henry, *Growing Old*.
[92] Siehe zum Beispiel Ford, *The Mabinogi and Other Medieval Welsh Tales*, S. 162ff.
[93] Scott-Maxwell, «We are the Sum of Our Days» in *The Listener*.
[94] Claremont de Castillejo, *Die Töchter der Penelope*, S. 170f.
[95] Ibid., S. 175.

[96] Harding, *The Way of All Women*, S. 245.
[97] Gould, «Transformational Tasks in Adulthood» in *The Course of Life*, S. 57.
[98] Ibid.
[99] Schectman, *The Stepmother in Fairy Tales*, S. 68.
[100] Ibid., S. 67.
[101] Ibid., S. 69.
[102] Wheelwright, *For Women Growing Older*, S. 38.
[103] Ulanov, *The Witch and the Clown*, S. 77.
[104] Jung, *Erinnerungen, Träume, Gedanken*, S. 308f.
[105] Herzog, *Psyche und Tod*, S. 245.
[106] Weelwright, «Old Age and Death», S. 10ff.
[107] Edinger, *The Creation of Consciousness*, S. 52f.
[108] Siehe zum Beispiel Butler, *Why Survive?*
[109] Greene, A., «Giving the Body Its Due», *Quadrant* 17, Nr. 2, Herbst 1984, S. 16.
[110] Jung, GW 18, «Über die Grundlagen der Analytischen Psychologie», § 40.
[111] Jung, *Modern Man in Search of a Soul*, S. 253.
[112] Samuels, *The Father*, S. 28.
[113] Siehe Walker, *The Crone*, S. 43ff.
[114] Storm, *Seven Arrows*, S. 7.
[115] Siehe zum Beispiel McNeely, *Berührung*.
[116] Ziegler, *Archetypal Medicine*, S. 70.
[117] Kurtz und Prestera, *The Body Reveals*, Vorwort.
[118] Ibid., S. 145.
[119] Siehe Jung, GW 8, «Die transzendente Funktion», § 166–175, und Hannah, *Begegnungen mit der Seele*.
[120] Ein eindrückliches Beispiel dieses Vorgangs erscheint in Kreinheder, *Body and Soul*, das die Gespräche beschreibt, die der Autor während seines jahrelangen Kampfes gegen Krebs und Arthritis mit seinem Körper führte.
[121] Siehe zum Beispiel Gopi Krishna, *Kundalini*.
[122] Jung, *Kundalini*, S. 13–14.
[123] Ibid., S. 57.
[124] Ibid., S. 98.
[125] Jung, *The Visions Seminars*, S. 452.
[126] Ibid., S. 163.

[127] Harding, Unveröffentlichtes Tonband einer Vorlesung über Kundalini Yoga (mit Erlaubnis von Alma Paulsen-Hoyer).

[128] Jung, *Kundalini*, S. 181.

[129] Mindell, *Dreambody*, S. 42–43.

[130] Jung, *Kundalini*, S. 190–191.

[131] Ibid., S. 197.

[132] Jung, *Briefe II*, S. 106.

[133] Schwartz-Salant. *Die Borderline-Persönlichkeit*, S. 203.

[134] Ibid., S. 206.

[135] Ibid., S. 210 (Betonung hinzugefügt).

[136] Jung, *Briefe II*, S. 106.

[137] Coomaraswamy, «On the Loathly Bride» in *Speculum*, 20, Nr. 4, Oktober 1945, S. 395ff.

[138] Siehe auch Schectman, *The Stepmother in Fairy Tales*, S. 18f.

[139] Nacherzählt in Mayor, *Hokusai*.

[140] Jung, GW 5, § 395.

[141] Jung, GW 14/II, § 410.

[142] Ibid.

[143] Jung, GW 7, «Die Beziehungen zwischen dem Ich und dem Unbewußten», § 261.

[144] Endgültiges Emblem in Michael Maiers *Scrutinium chymicum*, reproduziert in Stanislas Klossowski de Rola, *The Golden Game*, S. 96.

[145] Schaffer, *Surprised by Light*, S. 6, übersetzt von Christa Polkinhorn.

[146] Woodman, *Conscious Feminity*, S. 88.

[147] Hannah, *Encounters with the Soul*, S. 8.

[148] Walker, *The Crone*, S. 68.

[149] Jung und von Franz, *The Grail Legend*, S. 175f.

[150] Siehe Rinpoche, *The Tibetan Book of Living and Dying*.

[151] Walker, *The Crone*, S. 74f.

[152] Longfellow, «The Fiftieth Birthday of Agassiz» in *Longfellow's Poems*, Bd. 1.

[153] Walker, *The Crone*, S. 13f.

[154] Grant, *Myths of the Greeks and Romans*, S. 126ff.

[155] Kerényi und Jung, *Two Essays on a Science of Mythology*, S. 124.

[156] Grant, *Myths of the Greeks and Romans*, S. 96.

[157] Hamilton, *Mythology*, S. 54.

[158] Für eine psychologische Perspektive des Inanna-Mythos, siehe Perera, *Der Weg zur Göttin der Tiefe*.

[159] Grant, *Myths of the Greeks and Romans,* S.127f.
[160] Neumann, «The Moon and Matriarchal Consciousness» in *Dynamic Aspects of the Psyche,* S. 50.
[161] Walker, *The Woman's Encyclopedia of Myths and Secrets,* S. 218.
[162] Kerényi, *Eleusis,* S. 33.
[163] Es ist wichtig, Hades von Satan zu unterscheiden. Der letztere ist Herr des Bösen, während Hades Herr der Unterwelt war.
[164] Kerényi und Jung, *Two Essays on a Science of Mythology,* S.110.
[165] Ibid., S.112.
[166] Kerényi, *Eleusis,* S. 64.
[167] Kerényi und Jung, *Two Essays on a Science of Mythology,* S.110ff.
[168] Ibid.
[169] *New Larousse Encyclopedia of Mythology,* S.150.
[170] Neumann, *Die Große Mutter,* S. 299.
[171] Der Brief an die Epheser 4:14–15.
[172] Siehe Jung, GW 9/II, § 68ff.
[173] Kerényi und Jung, *Two Essays on a Science of Mythology,* S.145.
[174] *New Larousse Encyclopedia of Mythology,* S.160.
[175] Neumann, *Die Große Mutter,* S. 300.
[176] Jung, GW 9/I, «Die Psychologie des Kindarchetypus», § 273, Anmerkung 20.
[177] Ibid., § 278.
[178] Siehe Kerényi und Jung, *Two Essays on a Science of Mythology,* S.136.
[179] Siehe Anmerkung 72.

Bibliographie

(Soweit englischsprachige Werke in deutscher Übersetzung vorliegen, werden die deutschen Ausgaben angeführt. Finden sich Zitatangaben aus englischsprachigen Ausgaben, werden diese zusätzlich vermerkt.)

Berry, P.: *Fathers and Mothers*. Zürich: Spring 1990.

Butler, R.: *Why Survive? Being Old in America*. New York: Harper and Row 1975.

Callahan, D.: *Setting Limits. Medical Goals in an Aging Society*. New York: Simon and Schuster 1987.

Claremont de Castillejo, I.: *Die Töchter der Penelope. Elemente des Weiblichen*. Olten: Walter 1979.

Cumming, E. und W. Henry: *Growing Old. The Process of Disengagement*. New York: Basic Books 1961.

Doress, P., D. Siegal und «The Midlife and Older Women Book Project»: *Ourselves Growing Older. Women Aging with Knowledge and Power*. New York: Simon and Schuster 1987.

Edinger, E. F.: *The Creation of Consciousness. Jung's Myth for Modern Man*. Toronto: Inner City Books 1983.

Erikson, E.: *Childhood and Society*. New York: W. W. Norton 1950. Deutsch: *Kindheit und Gesellschaft*. Stuttgart: Klett-Cotta 1992.

Ford, P. (Üb. und Hrsg.): *The Mabinogi and Other Medieval Welsh Tales*. Los Angeles: UCLA Press 1977.

von Franz, M.-L.: *C. G. Jung. Sein Mythos in unserer Zeit*. Zürich/Düsseldorf: Walter 1996.

–: *Traum und Tod. Was uns die Träume Sterbender sagen*. München: Kösel 1984.

–: *Der Schatten und das Böse im Märchen*. München: Kösel 1985.

Gilligan, C.: *Die andere Stimme. Lebenskonflikte und Moral der Frau*. München: Piper 1991.

Gimbutas, M.: *The Goddesses and Gods of Old Europe. Myths and Cult Images.* Hampshire: B.A.S. Printers 1974.

Gordon, R.: *Dying and Creating. A Search for Meaning.* London: Society of Analytical Psychology 1978.

Gould, R.: «Transformational Tasks in Adulthood». In Greenspan, E. S. und G. Pollock (Hrsg.): *The Course of Life. Psychoanalytic Contributions Toward an Understanding of Personality Development,* Bd. 3, *Adulthood and Aging.* Maryland: U. S. Dept. of Health and Human Services 1981.

Grant, M.: *Myths of the Greeks and Romans.* New York: Signet 1962.

Gutmann, D.: «Psychoanalysis and Aging: A Developmental View». In Greenspan, E. S. und G. Pollock (Hrsg.): *The Course of Life: Psychoanalytic Contributions Toward an Understanding of Personality Development,* Bd. 3, *Adulthood and Aging.* Maryland: U. S. Dept. of Health and Human Services 1981.

Halifax, J.: «Elders as Healers». Omega Institute Conference on Conscious Aging (1. Mai 1992). Denver: Sounds True Conference Recordings 1992.

Hamilton, E.: *Mythology. Timeless Tales of Gods and Heroes.* New York: Mentor Books 1953.

Hanbrich, W. S.: *Medical Meanings: A Glossary of Word Origins.* New York: Harcourt Brace 1984.

Hannah, B.: *Encounters With the Soul: Active Imagination as Developed by C. G. Jung.* Santa Monica: Sigo Press 1981. Deutsch: *Begegnungen der Seele. Aktive Imagination, der Weg zu Heilung und Ganzheit.* München: Kösel 1985.

–: *C. G. Jung. Sein Leben und Werk. Erkenntnisse einer langjährigen Zusammenarbeit.* Waiblingen: Bonz 1985.

Harding, M. E.: *The Way of All Women.* New York: Putman 1970. Deutsch: *Der Weg der Frau.* Zürich: Rhein 1962.

–: *Frauen-Mysterien.* Zürich: Rascher 1949.

–: *The Value and Meaning of Depression.* New York: The Analytical Psychology Club of New York, Inc. 1970.

Herzog, E.: *Psyche und Tod.* Zürich: Rascher 1960.

Hollis, J.: *The Middle Passage. From Misery to Meaning in Midlife.* Toronto: Inner City Books 1993.

Huyck, M. und W. Hoyer: *Adult Development and Aging.* Belmont, CA: Wadsworth Publishing Co. 1982.

Jaffé, A. (Hrsg.): *Bild und Wort.* Eine Biographie. Olten: Walter 1983.

Jung, C. G.: *Gesammelte Werke* in 20 Bänden, hrsg. von Lilly Jung-Merker, Elisabeth Rüf und Leonie Zander. Olten: Walter 1971 ff.

–: *Der Mensch und seine Symbole.* Olten: Walter 1968.

–: *Briefe in drei Bänden.* Hrsg. Jaffé, A. und G. Adler. Olten: Walter 1972 f.

–: *Erinnerungen, Träume, Gedanken.* Aufgezeichnet und herausgegeben von Aniela Jaffé. Olten: Walter 1987.

–: Seminar *Traumanalyse.* Olten: Walter 1991.

–: *The Visions Seminars: Notes of the Seminars 1930–1934.* 2 Bde. Zürich: Spring Publications 1976.

–: *Modern Man in Search of a Soul.* New York: Harcourt, Brace & Co. 1933.

–: *Sigmund Freud/C. G. Jung Briefwechsel.* Hrsg. McGuire E. und W. Sauerländer. Frankfurt a. M.: Fischer 1974.

– und J. W. Hauer: *The Kundalini Yoga.* Zus. von Mary Foote. Herbst 1932. Zürich: Vervielfältigtes Typoskript 1940.

– und K. Kerényi: *Einführung in das Wesen der Mythologie. Das göttliche Kind; Das göttliche Mädchen.* Zürich: Rhein 1951.

Jung, E.: Animus und Anima. Waiblingen: Bonz 1990.

– und M.-L. von Franz: *Die Graalslegende in psychologischer Sicht.* Olten: Walter 1980. Englisch: *The Grail Legend.* Boston: Sigo Press 1986.

Kerényi, C.: *Eleusis. Archetypal Image of Mother and Daughter.* New York: Schocken 1977.

Klein, M.: *Narrative of a Child Analysis.* New York: Dell Publishing 1975.

Klossowski de Rola, S.: *The Golden Game. Alchemical Engravings of the Seventeenth Century.* New York: George Braziller 1988.

Knight, R. P.: *The Symbolical Language of Ancient Art and Mythology.* New York: J. W. Bouton 1892.

Kreinheder, A.: *Body and Soul. The Other Side of Illness.* Toronto: Inner City Books 1991.

Krishna, G.: *Kundalini. Erweckung der geistigen Kraft im Menschen.* München: Scherz 1983.

Kurtz, R. und H. Prestera: *The Body Reveals: What Your Body Says About You.* New York: Harper and Row 1984. Deutsch: *Botschaften des Körpers. Bodyreading, ein illustrierter Leitfaden.* München: Kösel 1991.

Lao-tse: *Tao de Ching: The Book of the Way and Its Virtue,* Trans. J. Duyvendak. London: John Murray, 1954. Deutsch z. B.: *Tao de King. Das Buch vom Sinn und Leben.* Komment. v. Wilhelm, R. München: Kösel 1991.

Larousse Egyptian Mythology. New York: Tudor Publishing 1965.

Lieberman, M.: «Psychological Correlates of Impending Death. Some Preliminary Observations». In Neugarten, B. (Hrsg.): *Middle Age and Aging*. Chicago: University of Chicago Press 1973.

Longfellow, H.W.: *Longfellow's Poems*. Boston: Tichnor and Fields 1856.

MacDuff, A.: *Lords of the Stone. An Anthology of Eskimo Sculpture*. N. Vancouver: Whitecap Books 1983.

Maddox, G.: «Activity and Morale. A Longitudinal Study of Selected Elderly Subjects». In *Social Forces*, 42, Nr. 2, 1963.

Mankowitz, A.: *Auf neue Weise fruchtbar. Der seelische Prozeß der Wechseljahre*. Zürich: Kreuz 1987.

Mayor, A. H. (Hrsg.): *Hokusai* (mit Holzschnitten von *Brave Warriors of Japan*, 1836). Metropolitan Museum of Art Calendar 1967.

McNeely, D. A.: *Berührung. Die Geschichte des Körpers in der Psychotherapie*. München: Kösel 1992.

Mindell, A.: *Dreambody. The Body's Role in Revealing the Self*. Boston: Sigo Press 1982. Deutsch: *The Dreambody*. Fellbach: Bonz 1985.

Neugarten, B.: «Time, Age and the Life Cycle». In *The American Journal of Psychiatry*, 136, Nr. 7, 1979.

– (Hrsg.): *Middle Age and Aging*. Chicago: University of Chicago Press 1973.

Neumann, E.: *Kunst und schöpferisches Unbewußtes*. Einsiedeln: Daimon 1980.

–: *Die Große Mutter. Eine Phänomenologie der weiblichen Gestaltungen des Unbewußten*. Olten: Walter 1994.

–: «The Moon and Matriarchal Consciousness». In *Dynamic Aspects of the Psyche: Selections from Past Springs*. New York: Analytical Psychology Club 1956.

–: *Ursprungsgeschichte des Bewußtseins*. München: Kindler 1974.

–: *Zur seelischen Entwicklung des Weiblichen*. Zürich: Rascher Verlag 1953.

New Larousse Encyclopedia of Mythology. London: Paul Hamlyn 1960.

Perera, S. B.: *Der Weg zur Göttin der Tiefe. Die Erlösung der dunklen Schwester. Eine Initiation für Frauen*. Interlaken: Ansata 1990.

van der Post, L.: *Jung and the Story of Our Time*. New York: Pantheon 1975.

Rinpoche, S.: *The Tibetan Book of Living and Dying*. Hrsg. Gaffney P. und A. Harvay. San Francisco: Harper Collins 1992.

Rubin, L.: *Women of a Certain Age: The Midlife Search for Self.* New York: Harper Colophon 1979.

Samuels, A.: *Jung and the Post-Jungians.* London: Routledge and Kegan Paul 1985. Deutsch: *Jung und seine Nachfolger. Neuere Entwicklungen der archetypischen Psychologie.* Stuttgart: Klett-Cotta 1989.

–: *The Plural Psyche. Personality, Morality and the Father.* London: Routledge and Kegan Paul 1989.

– (Hrsg.): *The Father.* New York: New York University Press 1986.

Schectman, J.: *The Stepmother in Fairytales.* Boston: Sigo Press 1993.

Schwartz-Salant, N.: *Die Borderline-Persönlichkeit. Vom Leben im Zwischenreich.* Solothurn/Düsseldorf: Walter 1993.

Scott-Maxwell, F.: *The Listener,* Oktober 1954. Neudruck in *Harper's Bazaar,* Oktober 1956.

Schaffer, U.: *Surprised By Light.* New York: Harper and Row 1980.

Sharp, D.: *The Survival Papers: Anatomy of a Midlife Crisis.* Toronto: Inner City Books 1988. Deutsch: *Zur eigenen Tiefe finden. Eine Psychologie der Lebensmitte des Mannes.* Interlaken: Ansata 1990.

Sontag, S.: *Illness as Metaphor.* New York: Vintage Books 1979. Deutsch: *Krankheit als Metapher.* Frankfurt a.M.: Fischer TB 1992.

Stein, M.: *In Midlife. A Jungian Perspective.* Dallas: Spring Publications 1983.

Stein, R.: «Body and Psyche: An Archetypal View of Psychosomatic Phenomena». In *Spring 1976.*

Stevens, A.: *Archetypes: A Natural History of the Self.* New York: William Morrow 1982.

Storm, H.: *Seven Arrows.* New York: Harper and Row 1972. Deutsch: *Sieben Pfeile.* Ein Indianerroman. München: Fink, Wilhelm 1990.

Turner, V.: *The Forest of Symbols.* Ithaca, N.Y.: Cornell University Press 1967.

Ulanov, A. und B. Ulanov. *The Witch and the Clown. Two Archetypes of Human Sexuality.* Wilmette, IL: Chiron Publications 1987.

Wagner, S.: *Matter of Heart.* Film-Script. Produzent und Herausgeber Mark Whitney. Los Angeles: C. G. Jung Institute of Los Angeles 1983.

Walker, B.: *The Crone: Woman of Age, Wisdom and Power.* New York: Harper and Row 1985. Deutsch: *Die Weise Alte. Kulturgeschichte, Symbolik, Archetypus.* München: Frauenoffensive 1986.

-: *The Woman's Encyclopedia of Myths and Secrets.* New York: Harper and Row 1983.

Weigle, M.: *Spiders and Spinsters: Woman and Mythology.* Albuquerque: University of New Mexico Press 1985.

Wheelwright, J.H.: *For Woman Growing Older. The Animus.* Houston: C. G. Jung Educational Center 1984.

-: «Old Age and Death». Tonband einer Vorlesung am Los Angeles Jung-Institute 1981. Veröffentlicht in *Quadrant,* 16, Nr. 1 (Spring 1983).

Williams, D.L.: *Border Crossings: A Psychological Perspective on Carlos Castaneda's Path of Knowledge.* Toronto: Inner City Books 1981.

Winnicott, D. W.: *Reifungsprozesse und fördernde Umwelt.* Frankfurt a.M.: Fischer TB 1990.

Wolff, T.: «Strukturformen der weiblichen Psyche». In *Studien zu C. G. Jungs Psychologie.* Daimon: Einsiedeln 1981.

Woodman, M.: *Addiction to Perfection. The Still Unravished Bride.* Toronto: Inner City Books 1982.

-: *Conscious Feminity: Interviews with Marion Woodman.* Toronto: Inner City Books 1993.

Young-Eisendrath, P. und F. Wiedemann: *Female Authority. Empowering Women Through Psychotherapy.* New York: Guilford Press 1987.

Ziegler, A.: *Archetypal Medicine.* Dallas: Spring 1983.